Claudia Verginia Dametto Joaquim
Milton Sgambatti Júnior

Álgebra
Caderno de Atividades
9º ano
volume 1

Editora
Policarpo

Coleção Vestibulares

Matemática nos Vestibulares – vol. 1, 2 e 3
História nos Vestibulares – vol. 1 e 2
Português nos Vestibulares – vol. 1
Química nos Vestibulares – vol. 1 e 2
Geografia nos Vestibulares – vol. 1

Coleção Exercícios de Matemática

Volume 1: Revisão de 1º Grau
Volume 2: Funções e Logaritmos
Volume 3: Progressões Aritméticas e Geométricas
Volume 4: Análise Combinatória e Probabilidades
Volume 5: Matrizes, Determinantes e Sistemas Lineares
Volume 6: Geometria Plana

Caderno de Atividades

Números Complexos
Polinômios e Equações Algébricas
Trigonometria – vol. 1 e 2
Geometria Espacial – vol. 1, 2 e 3
Geometria Analítica – vol. 1 e 2
Matemática – 5ª série – vol. 1 e 2
Matemática – 6ª série – vol. 1 e 2
Álgebra – 7ª série – vol. 1 e 2
Álgebra – 8ª série – vol. 1 e 2
Geometria – 7ª série
Geometria – 8ª série
Desenho Geométrico – 7ª série
Desenho Geométrico – 8ª série

Digitação, Diagramação e Desenhos: *Sueli Cardoso dos Santos*
Capa: *André Rebelo*
Atendimento: *Alexandre Grilo*

Dados Internacionais de Catalogação, na Publicação (CIP)
(Câmara Brasileira do Livro, SP, Brasil)

Joaquim, Claudia Verginia Dametto. Sgambatti, Milton Júnior.

Álgebra - Matémática / Claudia Verginia Dametto Joaquim, Milton Sgambatti Júnior. - São Paulo: Editora Policarpo, 6. ed. 2015.
ISBN: 978-85-87592-61-3

1. Matemática 2. Álgebra 3. Ensino fundamental I. Joaquim, Claudia Verginia Dametto II. Sgambatti, Milton Júnior. III. Título.

Índices para catálogo sistemático:

Todos os direitos reservados à:
EDITORA POLICARPO LTDA
Rua Dr. Rafael de Barros, 175 - Ap. 01- São Paulo - SP - CEP: 04003-041
Tel./Fax: (11) 3288-0895
Tel.: (11) 3284-8916

Cole aqui
sua etiqueta

Horários dos plantões

dia da semana	horário	sala	professor

Horários dos atendimentos

dia da semana	horário	sala	professor

Cronograma de auto estudo

data	assunto	tarefa	observações

Verificação da apostila

data	observações	visto

Índice

- Revisão 1
- Produtos Notáveis e Fatoração 1
- Casos estudados em Produtos Notáveis. 1
- Casos estudados em Fatoração 8
- Potenciação 13
- Radiciação 21
- Módulo ou Valor Absoluto de um número real 23
- Propriedades dos radicais 26
- Operações com radicais 29
- Soma e Subtração entre radicais 29
- Multiplicação e divisão entre radicais 31
- Potenciação e radiciação de radicais 34
- Comparação entre radicais 36
- Racionalização de Denominadores 38
- Equações do 1º grau 49
- Equações do 2º grau 54
- Resolução de Equações do 2º grau 54
- Resolução de Equações do 2º grau incompletas 54
- Resolução de Equações do 2º grau completas 61
- Fórmula de Baskhara 65
- Relações entre coeficientes e raízes da equação do 2º grau 81
- Formação de uma equação do 2º grau, dadas as raízes. 82
- Equações Redutíveis ao 2º grau 88
- Equações Biquadradas 88
- Equação Literal do 2º grau 97
- Problemas 107
- Equações Fracionárias 121
- Domínio de Validade 122
- Equações Fracionárias Literais 147
- Testes de Vestibular 165
- Questões de Vestibular 171
- Gabarito 173
- Bibliografia 184

Revisão
Produtos Notáveis e Fatoração

Casos estudados em Produtos Notáveis.

I) $(a + b)^2 =$

II) $(a - b)^2 =$

III) $(a + b)(a - b) =$

IV) $(x + a)(x + b) =$

V) $(a + b)^3 =$

VI) $(a - b)^3 =$

VII) $(a + b)(a^2 - ab + b^2) =$

VIII) $(a - b)(a^2 + ab + b^2) =$

IX) $(a + b + c)^2 =$

Exercícios

1. Calcule aplicando produtos notáveis:

a) $(x + 3)^2 =$

b) $(x - 2)^2 =$

c) $(x + 7)(x - 7) =$

d) $(2x + 3)^2 =$

e) $(x^2 + 1)(x^2 - 1) =$

f) $(3x - 4)^2 =$

g) $(5x - 2)^2 =$

h) $(3x^2 + 5y)(3x^2 - 5y) =$

i) $(x^2 - 4)^2 =$

j) $(3x^2 - y)^2 =$

2. Calcule:

a) $(a^2b + 2b)(a^2b - 2b) =$

b) $(x^2 - 3y)^2 =$

c) $(3x^2 - xy)^2 =$

d) $(2a^2b - 3ab^2)^2 =$

e) $(4x^2y + 3x)(4x^2y - 3x) =$

f) $(x + 4)(x - 3) =$

g) $(y - 7)(y - 2) =$

h) $(x^2 + 5)(x^2 - 2) =$

i) $(3a + 7)(3a - 2) =$

j) $(x^2 - 5)(x^2 + 4) =$

3. Efetue:

a) $\left(x + \dfrac{1}{2}\right)^2 =$

b) $\left(x + \dfrac{1}{3}\right)^2 =$

c) $\left(\dfrac{x}{2} - y\right)^2 =$

d) $\left(\dfrac{x}{3} + y\right)^2 =$

e) $\left(2x + \dfrac{2}{3}\right)^2 =$

f) $\left(a - \dfrac{3}{4}\right)^2 =$

g) $\left(\dfrac{a}{2} - \dfrac{b}{3}\right)^2 =$

h) $\left(\dfrac{2y}{3} - \dfrac{3x}{2}\right)^2 =$

i) $\left(3x^2 + \dfrac{1}{3y^2}\right)^2 =$

j) $\left(\dfrac{3}{4}x^3 - \dfrac{1}{2}x^2\right)^2 =$

4. Calcule:

a) $(x + 2)(x^2 - 2x + 4) =$

b) $(x - 5)(x^2 + 5x + 25) =$

c) $(y + x + 3)^2 =$

d) $(x - 4)^3 =$

e) $(x + 2)^3 =$

f) $(xy - 2x)^3 =$

g) $\left(\dfrac{a^2}{3} - \dfrac{b^3}{5}\right)^3 =$

h) $\left(\dfrac{2x}{3} + 3x^2\right)^3 =$

i) $\left(\dfrac{2a}{b} + 3b\right)\left(\dfrac{4a^2}{b^2} - 6a + 9b^2\right) =$

j) $(a^2b + 2b)(a^2b - 2b) =$

5. Aplique produtos notáveis:

a) $\left(2x + \dfrac{y}{2}\right)^2 =$

b) $\left(a^2 - \dfrac{1}{a^4}\right)^2 =$

c) $\left(2a - \dfrac{3b^2}{a}\right)^2 =$

d) $\left(\dfrac{5b^2x}{y} + \dfrac{3y}{x^3}\right)^2 =$

e) $\left(\dfrac{3a}{2} + b^3\right)\left(\dfrac{3a}{2} - b^3\right) =$

f) $\left(x - \dfrac{1}{5}\right)\left(x - \dfrac{2}{5}\right) =$

g) $\left(3x^2 + \dfrac{1}{3}\right)\left(9x^4 - x^2 + \dfrac{1}{9}\right) =$

h) $\left(2a^2 - \dfrac{3}{5}b\right)\left(4a^4 + \dfrac{6a^2b}{5} + \dfrac{9b^2}{25}\right) =$

i) $(x^2 - 4y^3)(x^2 + 4y^3) =$

j) $\left(2a^3 - \dfrac{1}{2}ab\right)^3 =$

6. Reduza as expressões aplicando produtos notáveis:

a) $-2(x+1)(x+2) - (3x+2)^2 - 3(2x+1)^2 - 1 =$

b) $3(2y+1)(2y-1) + 5(4y-2)^2 + 5(y-1)(y+6) =$

c) $\dfrac{2}{3}(3x+2)^2 - 5(x+1)(x+2) + 2(3x+2)^2 + 5(x-2) =$

d) $\dfrac{1}{9}\left(3x+\dfrac{1}{3}\right)^2 + 3\left(2x+\dfrac{1}{3}\right)\left(4x^2 - \dfrac{2x}{3} + \dfrac{1}{9}\right) - (2x-1)(4x^2+2x+1) + \dfrac{2x^3}{3} =$

7. Aplique produtos notáveis:

a) $(2y+3)^2 =$

b) $(3y^2+2)^2 =$

c) $(7-b)^2 =$

d) $(y-13)^2 =$

f) $\left(\dfrac{1}{3} - 2y^2\right)^2 =$

g) $(-m+z)(m+z) =$

h) $(2x+a)(2x-a) =$

i) $\left(\dfrac{3a}{b^2} + \dfrac{b}{a^3}\right)\left(\dfrac{3a}{b^2} - \dfrac{b}{a^3}\right) =$

e) $\left(xy - \dfrac{7y}{2}\right)^2 =$

j) $(m^3 + 7)(m^3 - 7) =$

8. Calcule:

a) $(x + 3)(x - 1) =$

f) $\left(x + \dfrac{1}{3}\right)(x + 4) =$

b) $(x + 4)(x - 2) =$

g) $\left(x - \dfrac{1}{3}\right)\left(x + \dfrac{3}{5}\right) =$

c) $(x + 2)\left(x + \dfrac{1}{2}\right) =$

h) $(2x + 3)(2x - 1) =$

d) $\left(x + \dfrac{5}{3}\right)\left(x - \dfrac{2}{3}\right) =$

i) $(4x + 1)(4x - 2) =$

e) $(x + 3)\left(x - \dfrac{3}{5}\right) =$

j) $(3x^2 + 1)(3x^2 + 2) =$

9. Calcule:

a) $(x + 11)^3 =$

b) $(x - 2y)^3 =$

c) $(x^2 + y^2)^3 =$

d) $(3x^2 + 2y)^3 =$

e) $(x^2 - x)^3 =$

10. Resolva:

a) $(x + 1)(x^2 - x + 1) =$

b) $(x + 2)(x^2 - 2x + 4) =$

c) $(2x + 6)(4x^2 - 12x + 36) =$

d) $(3m + 4)(9m^2 - 12m + 16) =$

e) $\left(x + \dfrac{1}{2}\right)\left(x^2 - \dfrac{x}{2} + \dfrac{1}{4}\right) =$

f) $(x - a)(x^2 + ax + a^2) =$

g) $(m-1)(m^2+m+1) =$

h) $(x^2-2)(x^4+2x^2+4) =$

i) $\left(-2x+\dfrac{3}{y^2}\right)\left(4x^2+\dfrac{6x}{y^2}+\dfrac{9}{y^4}\right) =$

j) $(a^2-b^3)(a^4+a^2b^3+b^6) =$

11. Aplique produtos notáveis e simplifique as expressões abaixo:

a) $-2(x-1)(x-2)-(3x^2-2x)^2-3x\left(2x-\dfrac{1}{3}\right)^2-\dfrac{1}{9} =$

b) $(y-6)^2-(y-2)^2-(3+y)^2-2y(y-5) =$

c) $\dfrac{1}{3}(3x^2-1)(3x^2+1)-2(3x-1)(3x+1)-2(2x+1)(2x-1) =$

d) $4(x-2)^2-\dfrac{3}{2}(2x+3)(2x+1)-5(x+3)+3(x+1)^2 =$

e) $(2x - 1)(2x + 1) - (x + 3)(x - 1) - \frac{1}{3}(x + 3)^2 - (2x + 1)^3 =$

f) $\frac{1}{3}\left[4x^2 - \left(\frac{1}{3} - x\right)^2 - (2x+1)(2x-1) + 4\right] - (x+2)(x-2) + \left(\frac{1}{3}\right)^3 =$

g) $(2x + 5)(4x^2 - 10x + 25) - (3x + 2)^3 + 5(2x + 6)(2x - 6) + (x - 8)(x + 6) =$

h) $(2x + 3)^3 - (x + 1)^2 + 3(2x + 1)(x - 2) - 4(x - 2)(x^2 + 2x + 4) =$

i) $\dfrac{5}{2}\left(2x+\dfrac{1}{5}\right)\left(2x-\dfrac{1}{5}\right)-3\left(-\dfrac{1}{3}+x\right)\left(x+\dfrac{1}{3}\right)+9\left(2x+\dfrac{1}{3}\right)\left(4x^2-\dfrac{2x}{3}+\dfrac{1}{9}\right)=$

j) $-x\left[\dfrac{3}{2}\left(\dfrac{1}{3}x-1\right)^2-\dfrac{3}{2}\right]-\dfrac{3}{4}\left(x-\dfrac{1}{3}\right)^2-\left(\dfrac{x}{2}+1\right)\left(\dfrac{x}{2}-1\right)=$

Casos estudados em Fatoração:

I) $ax + ay =$

II) $ax + ay + bx + by =$

III) $a^2 + 2ab + b^2 =$

IV) $a^2 - 2ab + b^2 =$

V) $a^2 - b^2 =$

VI) $x^2 + (a + b)x + ab =$

VII) $a^3 + b^3 =$

VIII) $a^3 - b^3 =$

IX) $a^3 + 3a^2b + 3ab^2 + b^3 =$

X) $a^3 - 3a^2b + 3ab^2 - b^3 =$

12. Fatore:

a) $x^2 - 25 =$

b) $x^2 - 16y^2 =$

c) $4a^6 - 9 =$

d) $4x^2 + 4x + 1 =$

e) $y^2 + 6y + 9 =$

f) $x^2 - 10xy + 25y^2 =$

g) $a^4 - 2a^2 + 1 =$

h) $x^2 - 8x + 16 =$

i) $x^2 - 14x + 49 =$

j) $x^2 - 100 =$

13. Fatore:

a) $x^2 - 7x + 10 =$

b) $x^2 + x - 56 =$

c) $x^2 + 10x + 24 =$

d) $x^2 - x - 12 =$

e) $x^2 - 9x + 20 =$

f) $y^2 - 28y + 196 =$

g) $x^2 + 30x + 225 =$

h) $a^2 - \dfrac{a}{3} + \dfrac{1}{36} =$

i) $x^2 - 10x + 25 =$

j) $x^4 - 18x^2 + 81 =$

14. Fatore:

a) $9a^2 - \dfrac{3}{2}ab + \dfrac{b^2}{16} =$

b) $\dfrac{25}{4} - \dfrac{5x}{y^4} + \dfrac{x^2}{y^8} =$

c) $16x^2 - y^4 =$

d) $x^4 - 49x^2 =$

e) $\dfrac{81a^4}{25} - \dfrac{9b^6}{16} =$

f) $a^2 - b^4 =$

g) $1 - 625x^2y^2 =$

h) $\dfrac{25a^4}{36} - \dfrac{16b^6}{49} =$

i) $x^2 - 8x + 7 =$

j) $a^3 - \dfrac{b^3}{8} =$

15. Fatore:

a) $ax^2 - ay^3 =$

b) $8x^2 - 80 =$

c) $20x^2y^2 - 10xy =$

d) $25a^2 - 5a =$

e) $24x^6 - 16x^4 =$

f) $\dfrac{1}{2}x^2 + \dfrac{1}{4}y^2 =$

g) $\dfrac{2}{5}a^2b + \dfrac{8}{15}ab^2 =$

h) $3a^7 - 5a^5 - 4a^3 + 2a^2 - a =$

i) $27x^3y^2 + 9x^2y^3 - 18xy^4 =$

j) $17a^3b^2c - 51a^4b^3cm + 85a^5b^2c =$

16. Fatore:

a) $4a - 4b + ax - bx =$

b) $a^5 - 2a^3 + 3a^2 - 6 =$

c) $2a - 2b + ac - bc =$

d) $3ax - 2bx + 9ay - 6by =$

e) $a^3 + a^2 - 5a - 5 =$

f) $9x^3y + 3x^2y^2 - 12x^2y - 4xy^2 =$

g) $8y - 12x - 4x^2y^2 + 6x^3y =$

h) $12x^3 - 8x^2 - 12x + 8 =$

i) $x^3 + 3x^4 + 3x^5 + x^6 =$

j) $-24xy + 20x + 15x^2 - 32y =$

17. Fatore completamente cada expressão algébrica a seguir:

a) $16x^4 + 72x^3 + 108x^2 + 54x =$

b) $27x^9 - 81x^7 + 81x^5 - 27x^3 =$

c) $8x^5 - 32x^3 + x^2 - 4 =$

d) $a^2 - ab + a - b =$

e) $a^3 + a^2 - a - 1 =$

f) $x^3 - x^2 + x - 1 =$

g) $625a^4 - 81b^4 =$

h) $a^2 - 0{,}09 =$

i) $\dfrac{x^2}{36} - \dfrac{y^4}{121} =$

j) $3(a+b)^2 - 2(a+b)(a-b) - (a+b) =$

18. Fatore:

a) $7a + 7b =$

b) $15x^3y^2 - 5x^2y^2 =$

c) $\frac{1}{2}x - \frac{1}{6}y =$

d) $4a - 4b + ax - bx =$

e) $2a - 2b + ac - bc =$

f) $a^3 + a^2 - 5a - 5 =$

g) $8xy^2 - 6xy - 20y^2 + 15y =$

h) $9x^2 - 25 =$

i) $49y^2 - 16 =$

j) $-4a^2 + 49m^2 =$

19. Fatore:

a) $x^2 - y^6 =$

b) $a^4 - 1 =$

c) $63x^5 - 112x^3 =$

d) $a^2 + 36b^2 - 12ab =$

e) $y^2 + 8y + 16 =$

f) $9x^2 - 6xy + y^2 - 25 =$

g) $x^2y^2 - 16 =$

h) $x^6 + 2x^3y + y^2 =$

i) $x^2 + 2x - 35 =$

j) $x^2 - 24x - 81 =$

20. Fatore:

a) $x^2 - x - 30 =$

b) $x^4 - 8x =$

c) $x^3 - \dfrac{1}{y^3} =$

d) $\dfrac{1}{8} - 64x^6 =$

e) $a^3b^6 - 1 =$

f) $a^3 + a^2 - a - 1 =$

g) $a^3 + 3a^2b + 3ab^2 + b^3 =$

h) $b^3 - 3b^2a + 3ba^2 - a^3 =$

i) $27x^3 - 54x^2 + 36x - 8 =$

j) $64x^6 - 48x^4 + 12x^2 - 1 =$

Potenciação

Lembrar que:

1. Sendo a ∈ IR e n ∈ IR, temos que:

Por definição: $a^0 = 1$

Como conseqüência da definição temos que:

$a^1 = a$ e $a^n = \underbrace{a \cdot a \cdot a \cdot a \ldots \ldots a}_{n \text{ vezes}}$

onde a = base
n = expoente
a^n = potência enésima de a.

2. Sendo a ∈ IR* e n ∈ IR, temos:

Por definição: $a^{-n} = \dfrac{1}{a^n}$ → inverso ou recíproco de a.

Relembrando as propriedades que usaremos nos exercícios a seguir:

P_1) $a^m \cdot a^n = a^{m+n}$

P_2) $\dfrac{a^m}{a^n} = a^{m-n}$

P_3) $(a^m)^n = a^{m \cdot n}$

P_4) $(a \cdot b)^n = a^n \cdot b^n$

P_5) $\left(\dfrac{a}{b}\right)^n = \dfrac{a^n}{b^n}$, em todos os casos a, b ∈ IR* e m, n ∈ IR

21. Calcule o valor das seguintes potências:

a) $3^2 =$

b) $-3^2 =$

c) $(-2)^3 =$

d) $-2^3 =$

e) $(-3)^2 =$

f) $\left(\dfrac{1}{4}\right)^2 =$

g) $\left(\dfrac{2}{3}\right)^3 =$

h) $-3^0 =$

i) $5^0 =$

j) $(-3)^0 =$

k) $\left(\dfrac{1}{5}\right)^{-2} =$

l) $\left(\dfrac{3}{2}\right)^{-2} =$

22. Calcule o valor de cada uma das potências a seguir:

a) $0^9 =$

b) $1^8 =$

c) $-8^0 =$

d) $8^{-1} =$

e) $11^{-2} =$

f) $-11^{-2} =$

g) $4^3 =$

h) $(-5)^{-2} =$

i) $(-3)^4 =$

j) $(-3)^{-4} =$

k) $\left(\dfrac{1}{6}\right)^{-2} =$

l) $\left(\dfrac{4}{5}\right)^{-3} =$

23. Efetuar:

a) $(-2)^5 =$

b) $(+7)^3 =$

c) $(-0,03)^2 =$

d) $-9^0 =$

e) $(-11)^2 =$

f) $-11^2 =$

g) $(+5)^{-2} =$

h) $-6^{-1} =$

i) $-\left(+\dfrac{1}{4}\right)^{-3} =$

j) $\left(\dfrac{-1}{3}\right)^{-4} =$

k) $-\left(\dfrac{-10}{7}\right)^{-1} =$

l) $-(+8)^{-1} =$

24. Efetuar:

a) $0^9 =$

b) $-1^4 =$

c) $-(0,004)^{-1} =$

d) $-(+1,2)^{-2} =$

e) $-(-0,1)^{-5} =$

f) $\dfrac{1}{3^{-3}} =$

g) $\dfrac{5^{-2}}{2^{-3}} =$

h) $-\left(-\dfrac{8}{3}\right)^0 =$

i) $\dfrac{4}{3^{-2}} =$

j) $\dfrac{1}{4^{-3}} =$

k) $\dfrac{5^{-1}}{2^{-4}} =$

l) $\dfrac{5^{-2}}{3} =$

25. Aplique as propriedades da potenciação, sem calcular as potências finais.

a) $7^8 \cdot 7^3 \cdot 7^{-5} =$

b) $3^6 \cdot 3^{-6} =$

c) $(2 \cdot 3 \cdot 5)^7 =$

d) $\left(\dfrac{1}{5}\right)^3 \cdot \left(\dfrac{1}{5}\right)^{-4} \cdot \left(\dfrac{1}{5}\right)^{-2} =$

e) $\left(\dfrac{4}{3}\right)^{-8} \cdot \left(\dfrac{4}{3}\right)^7 =$

f) $[(0,2)^3]^4 =$

g) $[(3)^6]^{-5} =$

h) $[(m^{-5})^2]^{\frac{1}{10}} =$

i) $[(2 \cdot 5)^6]^2 =$

j) $[(3 \cdot 2^2)^3]^{-4} =$

26. Aplique as propriedades da potenciação em cada potência a seguir, sem calcular as potências finais.

a) $\left(\dfrac{1}{6}\right)^3 \cdot 6^{-2} =$

b) $\left(\dfrac{4}{3}\right)^2 \cdot \left(\dfrac{3}{4}\right)^2 =$

c) $\left(\dfrac{5}{3}\right)^{-2} \cdot \left(\dfrac{3}{5}\right)^6 \cdot \left(\dfrac{3}{5}\right)^{-2} =$

d) $(5 \cdot 2^2)^6 =$

f) $\left(\dfrac{2}{5^2} \cdot 3^{-1}\right)^5 =$

g) $\left(\dfrac{3}{5} \cdot 2^{-1}\right)^4 =$

h) $\left(\dfrac{2}{5}\right)^3 \cdot 5^4 \cdot \dfrac{1}{2^{-5}} =$

i) $\left(\dfrac{2}{3}\right)^{-8} \cdot 3^6 \cdot \dfrac{1}{2^3} =$

e) $\left[\left(\dfrac{1}{2}\cdot 5^3\right)^6\right]^{-2} =$

j) $\left(\dfrac{1}{5}\right)^5 \cdot 5^{-2} \cdot (5^4)^{-6} =$

27. Aplique as propriedades de potenciação sem calcular as potências:

a) $(2^6 : 2^4) : (2^{-9} : 2) =$

h) $\left[\left(\dfrac{2}{3}\right)^2 : \left(\dfrac{2}{3}\right)^{-4}\right] \cdot \left[\left(\dfrac{2}{3}\right) : \left(\dfrac{2}{3}\right)^{-9}\right] =$

b) $[(-5)^{-4} \cdot (-5)^8] : [(-5)^{-3} : (-5)^6] =$

i) $\left(\dfrac{3}{5}\right)^2 \cdot \left(\dfrac{5}{3}\right)^2 =$

c) $5^6 \cdot 5^{-6} =$

j) $6^{2x-3} \cdot 6^{-4x} \cdot 6^{2x+2} =$

d) $(7^3 \cdot 5 \cdot 2^6)^{-4} =$

k) $[(10^{4x+2} : 10^{-3x+1}) : 10^2] : 10^{-5x+6} =$

e) $[(0,4)^3]^5 =$

l) $[(m^2)^{-3}]^6 =$

f) $5^9 \cdot \left(\dfrac{1}{5}\right)^{-3} \cdot \left(\dfrac{1}{5^{-2}}\right)^2 =$

m) $\left[\left(\dfrac{1}{y^{-2}}\right)^{-3}\right]^a =$

g) $(5^{-1} \cdot 3^4 \cdot 2)^5 =$

n) $(a^{2m+3} : a^{-2-m}) \cdot a^{-6+2m} =$

28. Calcular as potências:

a) $(2x^3)^2 =$

f) $\left(\dfrac{4}{5} m^{-2} n^{-4}\right)^{-2} =$

b) $(-5x^6y^2)^3 =$

g) $\left(-\dfrac{x^2 y^3}{z^{-5}}\right)^2 =$

c) $(-2a^3b^2)^{-5} =$

h) $(-4 a^2 b^3 c)^4 =$

d) $\left(-\dfrac{1}{5} m^2 n\right)^2 =$

i) $(-10 a^3 b^2)^{-2} =$

e) $\left(-\dfrac{1}{3} x^3 y^{-2}\right)^{-1} =$

j) $\left(-\dfrac{3}{7} b^5 c^4\right)^2 =$

29. Complete com $=$ ou $\neq$

a) $(xy)^2 \quad\quad x^2 y^2$

f) $(a+b)^2 \quad\quad a^2 + b^2$

b) $(ab^2)^2 \quad\quad a^2 b^4$

g) $(a-b)^2 \quad\quad a^2 - b^2$

c) $(mn)^2 \quad\quad mn^2$

h) $(m^2 + n)^2 \quad\quad m^4 + n^2$

d) $(3a^2b)^3 \quad\quad 27a^6b^3$

i) $(3 \cdot x^2 \cdot 2)^2 \quad\quad 9 \cdot x^4 \cdot 4 = 36x^4$

e) $(2m^2n)^2 \quad\quad 2m^4 n^2$

j) $(2x+1)^2 \quad\quad 4x^2 + 1$

30. Calcule o valor das expressões:

a) $2^{-1} - 3^{-1} - 4^{-1} - (2^{-1})^2 =$

b) $\dfrac{-2^2 + 3^3 - 5^2}{-3^2 + 2^3 - 5^0} =$

c) $9^{-1} \cdot (-3)^3 + \left(\dfrac{1}{3}\right)^{-2} : 3^3 =$

d) $\left(\dfrac{2^4 - 3^3 + 6^0 - 5^2}{-2^4 + 3^3 - 2^2}\right)^{(-1)^6} =$

e) $-(-4)^{-2} + 2^{-4} - (-6)^0 - \dfrac{2^{-3}}{2^{-1}} =$

f) $-(-5)^2 + (3^2)^{-1} - \dfrac{1}{3^2} + \dfrac{2^{-5}}{2^{-3}} + \left(\dfrac{1}{2^3}\right)^{-2} =$

31. Resolva a expressão: $\left(\dfrac{1}{16}\right)^{-\frac{3}{4}} + \left(\dfrac{1}{8}\right)^{-\frac{2}{3}} \cdot (0,81)^{-\frac{1}{2}} + 5\left(\dfrac{1}{3^{-1}}\right)^{-2} =$

32. Simplifique as expressões abaixo dando a resposta na forma de potência de 2.

a) $\left[(2^6)^{\frac{1}{4}} \cdot (2^{-1})^{-1} \right]^{-2} : \left[(2^{-5})^{\frac{3}{4}} \right]^{-4} =$

b) $(128^2)^{3^2} \cdot (64^2)^{(-3)^2} \cdot (512^3)^{-3^2} =$

33. Simplifique

a) $\left\{ 64^{0,25} \cdot [(0,5)^{-6}]^{\frac{1}{6}} \right\}^{-2} \cdot [(0,03125)^{0,75}]^{-4} =$

b) $\dfrac{(-64^2)^{16} \cdot (1024^{-3})^{2^2} \cdot (-32^2)^{3^2}}{[(-4)^{3^2}]^2 \cdot 128^{2^3} \cdot (2^{-2})^{\frac{1}{2}} \cdot [16^{(-3)^2}]^2} =$

Observações: Potência de 10.

34. Calcule dando a resposta em potência de 10:

a) $\dfrac{(0,1) \cdot 10^{-2} \cdot (0,001)}{10^2 \cdot \left(\dfrac{1}{10^4}\right)^2} =$

b) $\left[(-10^3)^2 \cdot (0,00001)^{2^2}\right] : [100^2 \cdot (0,001)^3] =$

35. Escreva as expressões na forma $2^x \cdot 3^y \cdot 5^z$

a) $\dfrac{(1000^{-1})^3}{(500^{-3})^2} \cdot \dfrac{(-300^{-2})^3 \cdot (-600)^{-3^2}}{(-100^3)^2} =$

b) $\dfrac{480^{-3^2} \cdot (0,06)^{2^3} \cdot (300^{-1})^2}{(0,0625^{-2}) \cdot (0,6)^{(-3)^2} \cdot (0,36)^{3^2}} =$

36. Dados: $x = [(-0,125)^2]^3 \cdot (-16^3)^2 \cdot (512^{-1})^{-2^2}$

$y = (0,0625^2)^{-2} \cdot \left(2^{\frac{1}{4}}\right)^{2^3} \cdot \left(\dfrac{1}{2^{-5}}\right)^2$

Calcule x: y

37. Coloque na forma de uma única potência:

a) $\dfrac{(729^2)^5 \cdot (81^3)^2 \cdot (243^2)^3}{[27^{3^4} \cdot (9^{-2})^5] : (3^{5^2})^{2^2}} =$

b) $\dfrac{\{[(5^{-1})^3]^5 \cdot 5^{3^{2^2}}\} : (5^4)^5}{\left[(-5^3)^3 \cdot 25^{-4} \cdot \left(\dfrac{1}{125}\right)^{-2}\right]^6} =$

38. Sendo: $A = \left[9^{-1} \cdot (-3)^3 \cdot \left(-\dfrac{1}{3}\right)^{-2}\right] \cdot [2^{-1} - 3^{-1} - 4^{-1} - (-2^{-1})^2]$

$B = [(-2)^4 - (-2)^3 - (-4)^2] \cdot (2^{-2} - 2^{-3})$

Determine $A - B$

39. Simplificar $\dfrac{100^3 \cdot (-0,1)^{-3} \cdot (-0,001)^{-4} \cdot [-(-1000)^3]}{-0,01^6 \cdot (-10000)^{-5}}$.

40. Simplificar $\dfrac{-0,25^4 \cdot (-0,125^2)^{-3} \cdot [-(-0,0625)^{-2}]^3}{-(-0,5)^{-3} \cdot 0,03125^{-5}}$.

41. Simplificar $\dfrac{2^x + 2^{x+1} - 5 \cdot 2^{x+2}}{2^x - 2^{x+3} - 17 \cdot 2^x}$.

42. Calcular o valor da expressão: $\dfrac{2^{n+4} + 2^{n+2} + 2^{n-1}}{2^{n-2} + 2^{n-1}}$.

43. Simplificar $\dfrac{3^{x+4} - \left(\dfrac{1}{9}\right)^{-\frac{x}{2}-1} - 3^{x+5}}{9^{\frac{x}{2}+1} + 2 \cdot 3^{x+4}}$.

Radiciação

Podemos dizer que a radiciação é a operação inversa da potenciação.
Sendo assim, observe:

Potenciação
$2^2 = 2.2 = 4$

$a^2 = a.\ a = a^2$

$(2a)^2 = 2a\ .\ 2a = 4a^2$

Radiação
$\sqrt[2]{4} = 2 \Rightarrow 2^2 = 4$

$\sqrt[2]{a^2} = a \Rightarrow a^2 = a^2$, onde $a \in IR_+$

$\sqrt[2]{4a^2} = 2a \Rightarrow (2a)^2 = 4a^2$, onde $a \in IR_+$

Na radiciação temos:

índice $\searrow$
$\sqrt[n]{a} = b \Rightarrow b^n = a$
radical $\nearrow$ $\quad\nwarrow$ radicando

Definição:

$1°\ caso:\begin{cases} se\ n \in IN^*/n\ \text{é ímpar} \\ a, b \in IR \end{cases}$ teremos:

$\sqrt[n]{a} = b \leftrightarrow b^n = a$

$2°\ caso:\begin{cases} se\ n \in IN^*/\ \textbf{n é par} \\ \textbf{a, b} \in \textbf{IR}/\ \textbf{a} \geq \textbf{0 e b} \geq \textbf{0} \end{cases}$ teremos:

$\sqrt[n]{a} = b \leftrightarrow b^n = a$

Resumindo:

1. Uma raiz de índice ímpar *sempre* será definida em IR.

2. Uma raiz de índice par só será definida em IR se seu radicando for um número real positivo.
Conclusão: **só existe raiz real de índice par se o radicando for positivo**.

3. Toda raiz enésima de a, se estiver definida, tem sempre resultado único e com mesmo sinal do radicando.

4. Quando o índice da raiz é 2 (raiz quadrada) é comum omití-lo: $\sqrt[2]{a} = \sqrt{a}$

5. $\sqrt[1]{a} = a$, $\forall\ a \in IR$

Vamos resolver algumas raízes juntos.

a) $\sqrt{9} =$

b) $\sqrt{-4} =$

c) $\sqrt{0} =$

d) $\sqrt{25} =$

f) $\sqrt[3]{1} =$

g) $\sqrt[3]{-1} =$

h) $\sqrt[3]{-64} =$

i) $\sqrt{-25} =$

e) $\sqrt[3]{8}$ =

j) $\sqrt[3]{0}$ =

44. Calcule:

a) $\sqrt{9}$ =

b) $\sqrt{16}$ =

c) $\sqrt{-36}$ =

d) $\sqrt[3]{8}$ =

e) $\sqrt[3]{-27}$ =

f) $\sqrt[5]{32}$ =

g) $\sqrt[7]{-128}$ =

h) $\sqrt[6]{-64}$ =

i) $\sqrt[9]{0}$ =

j) $\sqrt{25}$ =

k) $\sqrt{49}$ =

l) $\sqrt{-9}$ =

m) $\sqrt[4]{625}$ =

n) $\sqrt[4]{81}$ =

Observações:

Módulo ou Valor Absoluto de um número real

Quando representamos os números reais 1 e – 1 por pontos numa reta real, obtemos dois pontos, um à direita da origem (0) e outro à esquerda da origem (0), situados à mesma distância dela.

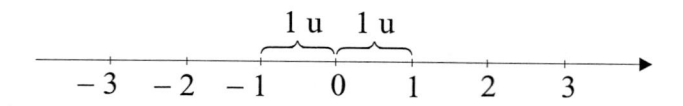

$$\begin{array}{c}\overbrace{}^{1\,u}\overbrace{}^{1\,u}\\ \xrightarrow{-3-2-10123}\end{array}$$

Dizemos que os números 1 e – 1 que estão à mesma *distância* do 0, têm o mesmo *valor absoluto* ou *módulo* que vale 1 e indica-se:

$$|1| = |-1| = 1$$

Veja outros exemplos:

$|5| = 5$ $\qquad\qquad |-6| = 6$

$|-0,317| = 0,317$ $\qquad\qquad |\sqrt{7}| = \sqrt{7}$

Resumindo:

$$|a| = a \text{ , se } a \geq 0$$
$$|a| = -a \text{ , se } a < 0$$

Observações:

Importante: $\sqrt[2]{x^2} = |x|$, $\forall\ x \in \mathbb{R}$, generalizando.

$\sqrt[n]{x^n} = x$, se *n for ímpar* e $x \in \mathbb{R}$

$\sqrt[n]{x^n} = |x|$, se *n for par* e $x \in \mathbb{R}$

Exemplos:

$\sqrt[3]{5^3} = 5$ $\qquad\qquad \sqrt[7]{(-5)^7} = -5$

$\sqrt[6]{2^6} = |2| = 2$ $\qquad\qquad \sqrt[6]{(-2)^6} = |-2| = 2$

Observe que numa raiz de índice ímpar o sinal do radicando sempre é conservado, enquanto que numa raiz de índice par o resultado sempre será fornecido em módulo.

45. Calcule:

a) $|5| =$

b) $|-10| =$

c) $|0| =$

f) $|3 - 7| =$

g) $\left|-\dfrac{1}{2}\right| =$

h) $\left|\dfrac{6}{5}\right| =$

d) $|-8| =$

e) $|7-3| =$

i) $|-0{,}333\ldots| =$

j) $|x-x|,\ \forall\ x \in \mathrm{IR} =$

46. Calcule:

a) $\left|2+\sqrt{3}\right| =$

b) $\left|2-\sqrt{3}\right| =$

c) $\left|\sqrt{3}-2\right| =$

d) $\left|-5-\sqrt{2}\right| =$

e) $\left|4-\sqrt{10}\right| =$

f) $\left|8-\sqrt{50}\right| =$

g) $\left|\sqrt{10}-2\right| =$

h) $\left|\sqrt{5}-4\right| =$

i) $\left|3-\sqrt{10}\right| =$

j) $\left|2-\sqrt{7}\right| =$

47. Calcule:

a) $\left|\dfrac{1}{3}-\dfrac{1}{2}\right| =$

b) $\left|\sqrt{2}-1\right| =$

c) $\left|1-\sqrt{2}\right| =$

d) $\left|\sqrt{9}-2\right| =$

e) $\left|2-\sqrt{9}\right| =$

f) $\left|2-\sqrt{5}\right| =$

48. Simplificar:

a) $\sqrt{5^2} =$

b) $\sqrt{(-6)^2} =$

c) $\sqrt{-3^2} =$

d) $\sqrt[3]{4^3} =$

e) $\sqrt[3]{(-2)^3} =$

f) $\sqrt[3]{-6^3} =$

g) $\sqrt[7]{11^7} =$

h) $\sqrt[4]{(-3)^4} =$

i) $\sqrt[4]{-3^4} =$

j) $\sqrt[10]{2^{10}} =$

49. Simplifique os radicais a seguir:

a) $\sqrt[5]{(-2)^5} =$

b) $\sqrt[5]{-7^5} =$

c) $\sqrt[6]{(-5)^6} =$

f) $\sqrt[3]{6^3} =$

g) $\sqrt[3]{-6^3} =$

h) $\sqrt[3]{(-6)^3} =$

d) $\sqrt[6]{-5^6} =$

e) $\sqrt[7]{-3^7} =$

i) $\sqrt[4]{(-5)^4} =$

j) $\sqrt[4]{-5^4} =$

50. Calcule os radicais a seguir:

a) $\sqrt{(2-\sqrt{3})^2} =$

b) $\sqrt[3]{(3-\sqrt{10})^3} =$

c) $\sqrt[4]{(2-\sqrt{5})^4} =$

d) $\sqrt[3]{(\sqrt{11}-3)^3} =$

e) $\sqrt[5]{(\sqrt{8}-3)^5} =$

f) $\sqrt[6]{(\sqrt{8}-3)^6} =$

g) $\sqrt[5]{(10-\sqrt{8})^5} =$

h) $\sqrt[4]{(2-\sqrt{7})^4} =$

i) $\sqrt[3]{(1-\sqrt{3})^3} =$

j) $\sqrt[4]{(2-\sqrt{6})^4} =$

51. Considerando a, b, c, $d \in \mathrm{IR}$ calcule os radicais.

a) $\sqrt[2]{36a^2b^2} =$

b) $\sqrt[2]{64a^6b^6} =$

c) $\sqrt[2]{a^2b^4} =$

d) $\sqrt{\dfrac{49}{81}b^6} =$

e) $\sqrt{\dfrac{16}{25}c^{10}} =$

f) $\sqrt{-4a^2} =$

g) $\sqrt{-b^2} =$

h) $\sqrt{25c^8} =$

i) $\sqrt{\dfrac{8a^2b^2}{32}} =$

j) $\sqrt{\dfrac{25c^8d^6}{100}} =$

52. Calcule:

a) $\sqrt{\dfrac{18(2-\sqrt{3})^2}{2}} =$

b) $\left|5-\sqrt{30}\right| =$

c) $\sqrt[7]{(2-\sqrt{11})^7} =$

d) $\sqrt[3]{2^3(5-\sqrt{2})^3} =$

e) $\sqrt[6]{7^6(2-\sqrt{6})^6} =$

f) $\left|15-3\sqrt{2}\right| =$

Propriedades dos radicais

P_1) $\sqrt[n]{a.b} = \sqrt[n]{a} . \sqrt[n]{b}$

P_2) $\sqrt[n]{\dfrac{a}{b}} = \dfrac{\sqrt[n]{a}}{\sqrt[n]{b}}$

P_3) $(\sqrt[n]{a})^m = \sqrt[n]{a^m}$

P_4) $\sqrt[n]{\sqrt[m]{a}} = \sqrt[n.m]{a}$

P_5) $\sqrt[n.p]{a^{m.p}} = \sqrt[n]{a^m}$

P_6) $\sqrt[n]{a^m} = a^{m/n}$, em todos os casos n , m ∈ IN*

Importante: Em todos os casos devemos observar se a raiz está definida em IR.

53. Simplifique os radicais:

a) $\sqrt[14]{5^6} =$

b) $\sqrt[5]{7^{40}} =$

c) $\sqrt[10]{5^{20}} =$

d) $\sqrt[12]{2^4} =$

e) $\sqrt[10]{3^5} =$

f) $\sqrt[3]{7^{12}} =$

g) $\sqrt[3]{5^{21}} =$

h) $\sqrt[9]{3^6} =$

i) $\sqrt[6]{2^{18}} =$

j) $\sqrt{3^2} =$

54. Simplifique os radicais admitindo, x , y , z ∈ IR$_+$

a) $\sqrt[3]{2^{12}} =$

b) $\sqrt[6]{3^4} =$

c) $\sqrt[24]{x^{18}} =$

d) $\sqrt{x^6} =$

e) $\sqrt{(-5)^2} =$

f) $\sqrt[3]{(-7)^3} =$

g) $\sqrt[27]{y^{18}} =$

h) $\sqrt[14]{z^{42}} =$

i) $\sqrt{3^{10}} =$

j) $\sqrt[4]{(-2)^4} =$

Importante: Considerar a partir deste ponto os radicandos literais sempre pertencentes ao conjunto IR$_+$.

55. Extrair, quando possível, os fatores dos radicais de acordo com o modelo.

a) $\sqrt[3]{a^6 b^3 c} = \sqrt[3]{a^6} . \sqrt[3]{b^3} . \sqrt[3]{c} = a^2 . b . \sqrt[3]{c}$

b) $\sqrt[5]{2^5 . 2^3} =$

c) $\sqrt{7^6 . 7} =$

d) $\sqrt[3]{2^3 \cdot 2 \cdot 3^{12}} =$

e) $\sqrt[4]{a^4 \cdot a^3 \cdot b^{20} \cdot b} =$

f) $\sqrt{2^{14} \cdot 2 \cdot 5^6 \cdot 5} =$

g) $\sqrt[3]{5^6 \cdot 5 \cdot a^9 \cdot a^2 \cdot x^{15} \cdot x} =$

56. Decompor o radicando em fatores primos e, a seguir, simplificar conforme o modelo:

a) $\sqrt[10]{64} = \sqrt[10]{2^6} = \sqrt[5]{2^3}$

b) $\sqrt[4]{256} =$

c) $\sqrt[4]{625} =$

d) $\sqrt[3]{729} =$

e) $\sqrt[15]{512} =$

f) $\sqrt[3]{512} =$

g) $\sqrt[20]{16} =$

h) $\sqrt[6]{216} =$

i) $\sqrt[10]{32} =$

57. Simplificar, sendo a, b, c ∈ IR$_+$

a) $\sqrt[3]{a^3 a^2} =$

b) $\sqrt{32a^5 b} =$

c) $\sqrt{32} =$

d) $\sqrt[3]{2^3 a^6} =$

e) $\sqrt[5]{2^{15} a^2} =$

f) $\sqrt[4]{256 a^3} =$

g) $\sqrt[3]{6\ a^9 b^8 c^{16}} =$

h) $\sqrt[4]{1250 a^{10}} =$

i) $\sqrt[4]{512 c^6} =$

j) $\sqrt{(\sqrt{3}-2)^2} =$

58. Simplifique o máximo possível extraindo os fatores dos radicais. Observe o exemplo:

a) $\sqrt[4]{1024 a^6 b^{22}} = \sqrt[4]{2^8 \cdot 2^2 \cdot a^4 \cdot b^{20} \cdot b^2} = 2^2 \cdot a \cdot b^5 \cdot \sqrt[4]{2^2 \cdot a^2 b^2} = 4ab^5 \cdot \sqrt{2ab}$

b) $\sqrt[6]{a^{31}} =$

c) $\sqrt{27a^4b^6} =$

d) $\sqrt[3]{48} =$

e) $\sqrt{72x^5y^4} =$

f) $\sqrt[10]{a^{20}b^{10}c^4} =$

g) $\sqrt[3]{432a^6b^{20}} =$

59. Simplificar:

a) $\sqrt[3]{512x^8y^5} =$

b) $\sqrt[8]{256x^{24}y^{20}} =$

c) $\sqrt[4]{1250x^{10}y^8} =$

d) $\sqrt[4]{512x^{17}y^4z^9} =$

e) $\sqrt[5]{256a^{10}b^8c^3} =$

60. Simplificar:

a) $\sqrt[12]{5^8} =$

b) $\sqrt[30]{x^{18}} =$

c) $\sqrt{a^{10}} =$

d) $\sqrt[3]{11^{21}} =$

e) $\sqrt[6]{1024} =$

f) $\sqrt[3]{3^{20}} =$

61. Classifique com V (verdadeiro) ou F (falso) cada igualdade a seguir:

a) $\sqrt{a^2+b^2} = a+b$ (   )

b) $\sqrt[4]{ab} = \sqrt[4]{a} \cdot \sqrt[4]{b}$ (   )

c) $\sqrt[5]{a} - \sqrt[5]{b} = \sqrt[5]{a-b}$ (   )

d) $\dfrac{\sqrt[3]{a}}{\sqrt[3]{b}} = \sqrt[3]{\dfrac{a}{b}}$ (   )

e) $\sqrt{27} = 3\sqrt{3}$ (   )

f) $\sqrt[3]{x^3y} = \sqrt{xy}$ (   )

g) $\sqrt[6]{x^3y} = \sqrt{xy}$ (   )

h) $\sqrt[3]{x^3y} = x\sqrt[3]{y}$ (   )

i) $\sqrt{x^2y} = xy$ (   )

j) $\sqrt[2]{(2-\sqrt{5})^2} = 2-\sqrt{5}$ (   )

62. Classifique com V (verdadeiro) ou F (falso):

a) $\sqrt[12]{a^4b^5} = \sqrt[3]{ab^5}$ (   )

g) $\sqrt[4]{\dfrac{x}{16}} = \dfrac{\sqrt[4]{x}}{2}$ (   )

28

b) $\sqrt[20]{2^8 x^{12}} = \sqrt[5]{4x^3}$ ( )   h) $\sqrt[12]{16} = \sqrt[3]{2}$ ( )

c) $\sqrt{\dfrac{x}{49}} = \dfrac{\sqrt{x}}{7}$ ( )   i) $\sqrt{8} = 2\sqrt{2}$ ( )

d) $\sqrt{4.9} = \sqrt{4}.\sqrt{9}$ ( )   j) $\sqrt[3]{27-8} = \sqrt[3]{27} - \sqrt[3]{8}$ ( )

e) $\sqrt[10]{25} = \sqrt{5}$ ( )   k) $\sqrt[3]{a^3 + b^3} = a+b$ ( )

f) $\sqrt[5]{a^5 - b} = a - \sqrt[5]{b}$ ( )   l) $\sqrt[3]{2a} = \sqrt[3]{2}.\sqrt[3]{a}$ ( )

Operações com radicais

Adição e Subtração

Só podemos somar ou substrair **radicais semelhantes**.

$2\sqrt{3} + 4\sqrt{3} - 3\sqrt{3} + \sqrt{3} =$

$\sqrt[3]{2} + \sqrt[2]{5} - 3\sqrt[3]{2} + 4\sqrt[3]{2} - 2\sqrt{5} =$

$\sqrt{8} + 5\sqrt{2} - 3\sqrt{3} + 4\sqrt{27} + \sqrt{2} =$

$\sqrt{32} + 5\sqrt{27} + \sqrt{48} - 2\sqrt{50} =$

$\sqrt{45} - 2\sqrt{18} + 6\sqrt{54} - \sqrt{24} + 5\sqrt{48} =$

63. Efetuar as somas algébricas dos radicais a seguir, simplificando o máximo possível as respostas:

a) $3\sqrt[3]{2} + 2\sqrt[3]{2} - 7\sqrt[3]{2} + \sqrt[3]{2} =$

b) $4\sqrt{7} - [9\sqrt{5} - (2\sqrt{7} - \sqrt{5})] - [8\sqrt{5} - (6\sqrt{7} - \sqrt{5})] =$

64. Simplificar (reduzir os radicais semelhantes):

a) $\sqrt{3} + 5\sqrt{3} - 7\sqrt{3} + 2\sqrt{3} - 6\sqrt{3} =$

b) $3\sqrt[3]{2} - \sqrt{3} + 5\sqrt{2} - \sqrt[3]{2} - 4\sqrt{2} =$

c) $2\sqrt{7} - [\sqrt{5} - (2\sqrt{5} - 4\sqrt{7}) - (\sqrt{5} - 3\sqrt{7})] - [\sqrt{7} - (\sqrt{5} - 3\sqrt{7}) - 2\sqrt{5}] =$

65. Simplificar:

a) $\dfrac{1}{6}\sqrt{2} - \dfrac{1}{2}\sqrt{3} - \dfrac{1}{4}\sqrt{2} - \dfrac{5}{12}\sqrt{3} =$

b) $\dfrac{1}{6}\sqrt[3]{3} - \dfrac{1}{4}\sqrt[3]{3} + \sqrt{3} - \dfrac{2}{3}\sqrt[3]{3} - \dfrac{1}{2}\sqrt[4]{9} =$

c) $\dfrac{1}{6}\sqrt{2} + \dfrac{1}{4}\sqrt[4]{2^2} - \dfrac{1}{4}\sqrt[6]{8} - \dfrac{5}{12}\sqrt[4]{4} =$

66. Simplificar:

a) $\sqrt[5]{2} + \sqrt[5]{2^6} - 3\sqrt[5]{2^{11}} =$

b) $6\sqrt{3} - \dfrac{1}{5}\sqrt{75} + \dfrac{1}{2}\sqrt{48} - 4\sqrt{12} + \dfrac{1}{3}\sqrt{27} =$

67. Simplificar:

a) $\sqrt{125} - 3\sqrt{5} + \sqrt{20} =$

b) $4\sqrt[4]{4} - \sqrt[4]{128} - \sqrt{162} + 3\sqrt[4]{8} + \sqrt{50} =$

c) $3\sqrt{13} - \dfrac{2}{3}\sqrt{117} + \dfrac{5}{2}\sqrt{52} - \dfrac{3}{5}\sqrt{325} =$

d) $3\sqrt[3]{56} + \sqrt[3]{189} + \sqrt[3]{448} - 2\sqrt[6]{49} + \sqrt[9]{343} =$

e) $\dfrac{2\sqrt[4]{512}}{3} - \dfrac{3\sqrt[4]{1250}}{4} + \dfrac{\sqrt[4]{162}}{2} =$

Multiplicação e divisão entre radicais:

$2\sqrt{3} \cdot 3\sqrt{5} =$

$4\sqrt{2} \cdot 5\sqrt{7} \cdot 2\sqrt{3} =$

$\dfrac{6\sqrt[3]{36}}{-3\sqrt[3]{12}} =$

$\dfrac{4\sqrt{35}}{8\sqrt{7}} =$

$$\frac{4\sqrt{8} \cdot 5\sqrt{3}}{30\sqrt{4}} =$$

$$\frac{2\sqrt{6} \cdot 5\sqrt{10}}{15\sqrt{5}} =$$

68. Efetuar as multiplicações e divisões, simplificando o resultado quando for possível:

a) $\sqrt[6]{a} \cdot \sqrt[6]{b} =$

b) $\sqrt[5]{2x} \cdot \sqrt[5]{3x^2} \cdot \sqrt[5]{x} =$

c) $\dfrac{\sqrt[3]{144}}{\sqrt[3]{6}} =$

d) $\dfrac{\sqrt[4]{8a^3} \cdot \sqrt[4]{4a^3}}{\sqrt[4]{2a}} =$

e) $\dfrac{\sqrt{162 \cdot 1600}}{\sqrt{12} \cdot \sqrt{15}} =$

69. Efetuar as operações simplificando quando for possível.

a) $\sqrt[15]{x^2} \cdot \sqrt[15]{x^3} =$

b) $\sqrt[3]{3a^2} \cdot \sqrt[3]{9ab} \cdot \sqrt[3]{27a^2b^2} =$

c) $\dfrac{\sqrt{24} \cdot \sqrt{6}}{\sqrt{12}} =$

d) $\dfrac{\sqrt[3]{5^{10}} \cdot \sqrt[3]{625}}{\sqrt[3]{5^2}} =$

e) $\dfrac{2\sqrt{27} \cdot 5 \cdot \sqrt{6}}{4\sqrt{2}} =$

70. Efetuar e simplificar:

a) $(2 + \sqrt{5})^2 =$

b) $(\sqrt{2} + \sqrt{3})^2 =$

c) $(2\sqrt{3} - 5\sqrt{2})^2 =$

d) $(7\sqrt{2} - 2\sqrt{6})^2 =$

e) $(4\sqrt{2} - \sqrt{3})^2 =$

71. Efetuar e simplificar:

a) $(\sqrt{3} - \sqrt{2})(\sqrt{3} + \sqrt{2}) =$

b) $(2\sqrt{3} + \sqrt{5})(2\sqrt{3} - \sqrt{5}) =$

c) $(4\sqrt{2} - \sqrt{6})(4\sqrt{2} + \sqrt{6}) =$

d) $(2 - \sqrt{6})^2 + (3\sqrt{2} - \sqrt{3})^2 =$

e) $(4\sqrt{5} - 3\sqrt{2})^2 + (2 - \sqrt{7})(2 + \sqrt{7}) + 5\sqrt{10} =$

f) $(5 - 3\sqrt{2})(5 + 3\sqrt{2}) =$

g) $(2 - \sqrt{5})(2 - \sqrt{5})(2 + \sqrt{5}) =$

h) $(2\sqrt{6} - \sqrt{5})^2 - (4\sqrt{3} - \sqrt{2})(4\sqrt{3} + \sqrt{2}) - 6\sqrt{30} - 5 =$

72. Efetuar e simplificar:

a) $(\sqrt[3]{2} - 2\sqrt[3]{3}) \cdot (2\sqrt[3]{2} - 3\sqrt[3]{3}) =$

b) $2\sqrt{6}(3\sqrt{2} - 2\sqrt{3}) - 4\sqrt{2}(3\sqrt{6} - \sqrt{3} - 2) =$

c) $(\sqrt{2} - 2\sqrt{3})(\sqrt{2} + 2\sqrt{3}) - (2\sqrt{3} - \sqrt{2})^2 =$

73. Efetuar, simplificando quando possível:

a) $(2\sqrt{5} - 3\sqrt{2})(2\sqrt{5} + 3\sqrt{2}) + 2\sqrt{3}(\sqrt{6} - \sqrt{12}) =$

b) $(4\sqrt{2} - \sqrt{3})(4\sqrt{2} - \sqrt{3}) + 2\sqrt{6}(\sqrt{10} - 5) =$

c) $5\sqrt{6}(2\sqrt{3} + \sqrt{2}) - 5\sqrt{2}(4\sqrt{3} - \sqrt{6} + 5) =$

d) $(2\sqrt{3} + 3\sqrt{2} - \sqrt{5}) \cdot (3\sqrt{2} - 2\sqrt{3} + \sqrt{5}) - (2\sqrt{3} + \sqrt{5})^2 =$

Potenciação e radiciação de radicais

$(\sqrt[5]{3})^7 =$

$(\sqrt[10]{5})^{12} =$

$\sqrt[16]{2^{40}} =$

$\sqrt[3]{\sqrt{2}} =$

$\sqrt[4]{\sqrt[3]{25}} =$

$\sqrt[6]{\sqrt{\sqrt[3]{216}}} =$

$\sqrt{\sqrt[3]{2^8}} =$

74. Simplifique os radicais:

a) $\sqrt[6]{\sqrt{8}} =$

b) $\sqrt[10]{\sqrt[3]{16}} =$

c) $\sqrt[5]{\sqrt{6}} =$

d) $\left(\sqrt{\sqrt[3]{2^4}}\right)^6 =$

e) $\left(\sqrt[8]{\sqrt[3]{2^6}}\right)^2 =$

f) $\left(5\sqrt[3]{\sqrt{\dfrac{1}{5}}}\right)^6 =$

g) $(2\sqrt{5})^2 =$

h) $\left(4\sqrt[3]{\sqrt{6}}\right)^5 =$

i) $\left(\sqrt[6]{\sqrt{8}}\right)^2 =$

j) $\left(\sqrt[3]{\sqrt[6]{\sqrt[8]{2^{10}}}}\right)^{15} =$

75. Simplificar:

a) $\sqrt[5]{\sqrt[4]{2}} =$

b) $(\sqrt[6]{a})^{13} =$

c) $\sqrt{\sqrt[3]{5^8}} =$

d) $\sqrt[3]{\sqrt[5]{\sqrt{1024}}} =$

e) $(16\sqrt[4]{8})^2 =$

f) $(2\sqrt{5})^3 =$

g) $\left(\sqrt[3]{\dfrac{\sqrt[6]{5^{10}}}{\sqrt[3]{5^2}}}\right)^4 =$

h) $\left(\sqrt[3]{\sqrt[7]{8x^3}}\right)^{14} =$

76. Simplificar:

a) $\sqrt{\sqrt[3]{37}} =$

b) $(\sqrt[3]{2})^7 =$

c) $(3\sqrt{2})^9 =$

d) $(5\sqrt{2})^2 =$

e) $\left(\sqrt[3]{2\sqrt[3]{\sqrt[3]{2^{20}}}}\right)^{15} =$

f) $\sqrt[4]{\dfrac{\sqrt[6]{7^9}}{\sqrt[6]{7^5}}} =$

Comparação entre radicais

77. Em cada um dos cinco pares de radicais identifique o maior:

a) $\sqrt{5}$; $\sqrt{7} =$

b) $\sqrt[3]{2}$; $\sqrt{2} =$

c) $\sqrt[3]{2^2}$; $\sqrt[2]{2^3} =$

d) $\sqrt[3]{10}$; $\sqrt{5} =$

e) $\sqrt[4]{6}$; $\sqrt[3]{4} =$

78. Reduzir os radicais a seguir ao mesmo índice (o menor possível):

a) $\sqrt[6]{a^5}$; $\sqrt[4]{a^3} =$

b) $\sqrt[3]{a^2b}$; $\sqrt[15]{2a^4b^3} =$

c) $\sqrt[12]{x^3y^2}$; $\sqrt[10]{x^5y} =$

d) $\sqrt{2}$; $\sqrt[3]{2}$; $\sqrt[4]{2} =$

e) $\sqrt{3}$; $\sqrt[8]{a^2b}$; $\sqrt[4]{c} =$

f) $\sqrt[3]{a^2}$; $\sqrt[4]{b^3}$; $\sqrt[12]{c^5}$; $\sqrt[6]{d} =$

79. Reduzir os radicais a seguir ao mesmo índice (o menor possível):

a) $\sqrt{a}$; $\sqrt[3]{b} =$

b) $\sqrt[3]{2}$; $\sqrt[8]{5^3} =$

c) $\sqrt[7]{a^3}$; $\sqrt[10]{2^9}$; $\sqrt[2]{b} =$

d) $\sqrt[5]{a^2b}$; $\sqrt[15]{2^3c}$; $\sqrt[6]{b^5} =$

e) $\sqrt[12]{a^3b^3}$; $\sqrt[15]{c^2d}$; $\sqrt[10]{a^3c} =$

f) $\sqrt[12]{4x^2y}$; $\sqrt[10]{x^3}$; $\sqrt[24]{9x^2y^4}$; $\sqrt[18]{12x^4y^3} =$

g) $\sqrt[10]{2x^3}$; $\sqrt[6]{a^2x^5}$; $\sqrt[15]{a^3x^2} =$

h) $\sqrt[12]{3x^5}$; $\sqrt[4]{b^3}$; $\sqrt[12]{c^5}$; $\sqrt[6]{a^2b} =$

i) $\sqrt[7]{2x}$; $\sqrt[21]{3x^2}$; $\sqrt[6]{2x^5}$; $\sqrt[8]{2x^3} =$

Racionalização de Denominadores

Racionalizar o denominador de uma fração, como o próprio nome sugere, significa tornar o denominador desta um número racional, ou seja, temos que fazer "desaparecer" o radical do denominador.

1º caso: $\dfrac{a}{\sqrt[n]{b}}$, sendo $b \in Q^*$, $n \in IN^*$

Lembrar que: $\sqrt[n]{b^n} = b$ ($b > 0$)

$\dfrac{5}{\sqrt{7}}$

$\dfrac{4}{3\sqrt{2}}$

$\dfrac{1}{\sqrt[3]{2}}$

$\dfrac{4}{\sqrt[7]{6^3}}$

$\dfrac{3}{\sqrt[5]{9^3}}$

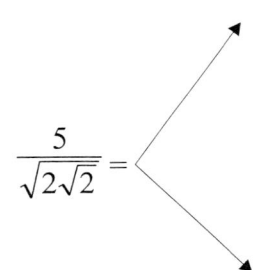

$\dfrac{5}{\sqrt{2\sqrt{2}}} = $

80. Racionalizar os denominadores das seguintes frações:

a) $\dfrac{1}{\sqrt[7]{2^3}}$

e) $\dfrac{6\sqrt{3}}{\sqrt{\sqrt{3}}}$

38

b) $\dfrac{10}{\sqrt[4]{5}}$

f) $\dfrac{15}{10\sqrt[3]{3}}$

c) $\dfrac{2}{\sqrt{3}}$

g) $\dfrac{-8}{\sqrt[3]{18}}$

d) $\dfrac{7}{\sqrt[3]{49}}$

h) $\dfrac{2}{\sqrt[5]{ab^2}}$

81. Racionalize os denominadores.

a) $\dfrac{5}{3\sqrt{10}}$

f) $\dfrac{21}{\sqrt[8]{3^5}}$

b) $\dfrac{4}{3\sqrt{8}}$

g) $\dfrac{6}{2\sqrt{5}}$

c) $\dfrac{4}{5\sqrt[3]{2}}$

h) $\dfrac{7}{5\sqrt[8]{3^3}}$

d) $\dfrac{6}{2\sqrt[6]{2^4}}$

i) $\dfrac{3}{12\sqrt[5]{2^7}}$

e) $\dfrac{5}{\sqrt{3\sqrt{2}}}$

j) $\dfrac{6}{\sqrt{2\sqrt{5}}}$

82. Racionalize o denominador de cada um das frações a seguir:

a) $\dfrac{5}{\sqrt[6]{2^9}}$

e) $\dfrac{7\sqrt{5}}{3\sqrt{2}}$

39

b) $\sqrt[11]{5^{15}}$	f) $\dfrac{7\sqrt{3}}{2\sqrt[3]{2}}$

c) $\dfrac{3}{\sqrt{2\sqrt{7}}}$	g) $\dfrac{5\sqrt[3]{3}}{2\sqrt[6]{2^5}}$

d) $\dfrac{5\sqrt{2}}{4\sqrt{6}}$	h) $\dfrac{6\sqrt{3}}{5\sqrt[7]{2^{11}}}$

2º caso: $\dfrac{a}{\sqrt{b}+\sqrt{c}}$ ou $\dfrac{a}{\sqrt{b}-\sqrt{c}}$

Lembrar que: $(a+b)(a-b) = a^2 - b^2$

$\dfrac{3}{2+\sqrt{2}}$

$\dfrac{4}{5-\sqrt{3}}$

$\dfrac{6}{\sqrt{3}-\sqrt{5}}$

$\dfrac{3}{\sqrt{3}+2\sqrt{2}}$

$\dfrac{12}{4\sqrt{3}-\sqrt{8}}$

$$\frac{9}{3\sqrt{2} + 2\sqrt{3}}$$

83. Racionalizar os denominadores das seguintes frações:

a) $\dfrac{4}{2 - \sqrt{3}}$

b) $\dfrac{7}{3 - \sqrt{2}}$

c) $\dfrac{3}{4 - \sqrt{7}}$

d) $\dfrac{5}{2 - 3\sqrt{2}}$

e) $\dfrac{6}{4 + \sqrt{5}}$

f) $\dfrac{3}{2\sqrt{2} - 1}$

g) $\dfrac{5}{3\sqrt{2} + 2}$

h) $\dfrac{4\sqrt{3}}{2\sqrt{2} + 1}$

i) $\dfrac{3\sqrt{6}}{\sqrt{2} + \sqrt{3}}$

j) $\dfrac{5\sqrt{2}}{2\sqrt{2} + \sqrt{6}}$

84. Racionalize os denominadores de cada fração abaixo:

a) $\dfrac{1}{\sqrt{3} + \sqrt{2}}$

b) $\dfrac{6}{\sqrt{5} - \sqrt{2}}$

c) $\dfrac{-1}{\sqrt{5} - \sqrt{2}}$

d) $\dfrac{9\sqrt{2}}{2\sqrt{2} + \sqrt{5}}$

e) $\dfrac{1}{\sqrt{3} - \sqrt{2}}$

f) $\dfrac{3}{\sqrt{5} - \sqrt{3}}$

g) $\dfrac{1}{1 - \sqrt{2}}$

h) $\dfrac{-10}{\sqrt{5} + \sqrt{7}}$

i) $\dfrac{2}{2 - \sqrt{7}}$

j) $\dfrac{-21}{\sqrt{2} + \sqrt{5}}$

85. Racionalizar os denominadores:

a) $\dfrac{1}{1+\sqrt{3}}$

b) $\dfrac{32\sqrt{11}}{2\sqrt{11}-\sqrt{12}}$

c) $\dfrac{2\sqrt{3}}{\sqrt{2}+\sqrt{6}}$

d) $\dfrac{4\sqrt{2}}{-\sqrt{3}+\sqrt{6}}$

e) $\dfrac{2\sqrt{5}}{-\sqrt{2}+\sqrt{5}}$

f) $\dfrac{1}{-\sqrt{5}-\sqrt{6}}$

g) $\dfrac{4}{-\sqrt{2}+\sqrt{3}}$

h) $\dfrac{-1}{-\sqrt{3}-\sqrt{5}}$

i) $\dfrac{-3\sqrt{6}}{-\sqrt{3}-\sqrt{2}}$

j) $\dfrac{-4\sqrt{8}}{-\sqrt{2}+1}$

86. Racionalize os denominadores:

a) $\dfrac{2\sqrt{5} + 1}{2\sqrt{5} + \sqrt{2}}$

b) $\dfrac{2\sqrt{3} - 2}{\sqrt{5} - \sqrt{2}}$

c) $\dfrac{4\sqrt{3} + \sqrt{2}}{5\sqrt{2} + \sqrt{3}}$

d) $\dfrac{2\sqrt{5} + 3\sqrt{2}}{2\sqrt{5} - 3\sqrt{2}}$

e) $\dfrac{3\sqrt{5} - 6\sqrt{2}}{\sqrt{5} + \sqrt{2}}$

f) $\dfrac{-3\sqrt{2} + 1}{1 - \sqrt{2}}$

g) $\dfrac{-5 - 2\sqrt{2}}{-\sqrt{3} + 1}$

87. Racionalize os denominadores a seguir:

a) $\dfrac{2\sqrt{5}}{\sqrt{3} + \sqrt{7}}$

b) $\dfrac{-3\sqrt{2} + 1}{\sqrt{3} - 2\sqrt{2}}$

c) $\dfrac{-5\sqrt{3}}{-\sqrt{2} - 3\sqrt{3}}$

44

d) $\dfrac{-2\sqrt{5}}{-\sqrt{6}+\sqrt{7}}$

e) $\dfrac{+2\sqrt{5}-\sqrt{3}}{-\sqrt{3}+\sqrt{2}}$

88. Racionalize os denominadores:

a) $\dfrac{2\sqrt{2}}{\sqrt{2}+1}$

b) $\dfrac{3\sqrt{2}}{\sqrt{5}}$

c) $\dfrac{2\sqrt{3}-1}{\sqrt{3}}$

d) $\dfrac{9}{5\sqrt{3}}$

e) $\dfrac{10}{3\sqrt[4]{2}}$

f) $\dfrac{5}{\sqrt[5]{3^2}}$

g) $\dfrac{2}{\sqrt{\sqrt[3]{2}}}$

h) $\dfrac{5}{\sqrt{2\sqrt{3}}}$

i) $\dfrac{3}{\sqrt{2\sqrt{5}}}$

j) $\dfrac{-4}{\sqrt{2\sqrt{2}}}$

89. Racionalize os denominadores:

a) $\dfrac{5}{\sqrt[6]{2^5}}$

b) $\dfrac{4\sqrt{2}}{\sqrt{3}-2\sqrt{5}}$

c) $\dfrac{-3}{\sqrt[3]{\sqrt{3}}}$

e) $\dfrac{4\sqrt[3]{5}}{3\sqrt[9]{2^5}}$

f) $\dfrac{3\sqrt{2}}{5\sqrt[6]{2}}$

g) $\dfrac{3}{\sqrt{2\sqrt[3]{3}}}$

d) $\dfrac{-5}{\sqrt[3]{2\sqrt{2}}}$ $\qquad\qquad\qquad\qquad$ h) $\dfrac{5}{\sqrt[3]{5\sqrt[3]{2}}}$

90. Simplificar: $\dfrac{2+\sqrt{3}}{1-\sqrt{5}} + \dfrac{2-\sqrt{3}}{1+\sqrt{5}}$

91. Simplificar: $\dfrac{\sqrt{\sqrt{5}+\sqrt{3}}}{\sqrt{\sqrt{5}-\sqrt{3}}}$

92. Simplificar as frações: $\dfrac{\sqrt{2-\sqrt{3}}}{\sqrt{\sqrt{3}+2}}$

93. Simplificar $A = \sqrt{\sqrt{32}} - \sqrt[8]{4} + \sqrt{32} - \sqrt{\sqrt[3]{\sqrt{64}}} - \sqrt[8]{4}$

94. Simplificar $M = \dfrac{\sqrt{54} - \sqrt{90}}{\sqrt[4]{9} - \sqrt[4]{25}}$

95. Simplificar $\dfrac{4\sqrt{45} - 4\sqrt{8} + 4\sqrt{50}}{9\sqrt{20} - 3\sqrt{125} + \sqrt{18}}$

96. Determine o valor de $\dfrac{\sqrt{3}+1}{\sqrt{3}-1} + \dfrac{\sqrt{3}-1}{\sqrt{3}+1}$

97. Racionalize os denominadores de cada fração a seguir:

a) $\dfrac{3\sqrt{5}}{3\sqrt[3]{2} + 2\sqrt[3]{2} - 7\sqrt[3]{2} + \sqrt[3]{2}} =$

46

b) $\dfrac{4}{2\sqrt{6} - [\sqrt{5} - (2\sqrt{5} - 3\sqrt{6})] + (2\sqrt{6} - \sqrt{5})} =$

c) $\dfrac{-2\sqrt{3}}{4\sqrt[3]{4} - 5\sqrt[3]{2} + 5\sqrt[3]{4} - 9\sqrt[3]{4} + 3\sqrt[3]{2}} =$

d) $\dfrac{5\sqrt{6}}{4\sqrt{3} - (5\sqrt{2} + \sqrt{3}) - [3\sqrt{2} - (5\sqrt{3} - \sqrt{2})]} =$

98. Racionalizar o denominador de cada fração a seguir:

a) $\dfrac{5\sqrt{35}}{\sqrt{7} - [\sqrt{5} - (2\sqrt{7} - \sqrt{5})] - [8\sqrt{5} - (6\sqrt{5} - \sqrt{7})]} =$

b) $\dfrac{3}{\sqrt[5]{2} + \sqrt[5]{2^6} - 3\sqrt[5]{2^{11}}} =$

c) $\dfrac{2\sqrt{5} + 1}{\sqrt{125} - 3\sqrt{5} + \sqrt{20}} =$

99. Racionalizar os denominadores a seguir:

a) $\dfrac{5\sqrt[4]{2}}{4\sqrt[4]{4} - \sqrt[4]{128} - \sqrt{162} + 3\sqrt[4]{8} + \sqrt{50}} =$

b) $\dfrac{3\sqrt[3]{49}}{3\sqrt[3]{56} + \sqrt[3]{189} + \sqrt[3]{448} - 2\sqrt[6]{49} + \sqrt[9]{343}} =$

c) $\dfrac{3\sqrt{2} + 6}{(\sqrt{2} - 2\sqrt{3})(2\sqrt{2} + \sqrt{3}) - (2\sqrt{3} - \sqrt{2})^2 + 15} =$

100. Racionalizar o denominador da fração:

$\dfrac{1}{(2\sqrt[12]{\sqrt[5]{5}} + 3\sqrt[6]{\sqrt[10]{5}} - 3\sqrt{\sqrt[30]{5}} - \sqrt[10]{\sqrt[6]{5}})^{30} + 2} =$

101. Racionalizar o denominador da fração:

$\dfrac{3}{1 + \sqrt[3]{\sqrt{729}} + \sqrt[3]{\sqrt[3]{512}} - \sqrt[3]{216} + \sqrt[5]{256}} =$

Equações

Equações do 1º grau

Equação é toda sentença matemática aberta expressa por uma igualdade.

Sentença matemática aberta é toda sentença que apresenta elementos desconhecidos chamados *variáveis* ou *incógnitas*.

Exemplos:

$x + 3 = 2$
$y - 2 = 8$
$x + y = 7$

Sentença matemática fechada é toda sentença matemática que não possue *variável* ou *incógnitas* e que pode ou não ser expressa por uma igualdade verdadeira.

Exemplos:

$5 + 3 = 8$
$2 - 4 = -2$
$7 - 5 = 10$
$\frac{4}{3} - 1 = \frac{1}{3}$

Equação do 1º grau é toda sentença matemática aberta com uma incógnita que pode ser reduzida à forma $ax + b = 0$, onde a e b são números reais com $a \neq 0$.

$\underbrace{ax + b}_{1º\ membro} = \underbrace{0}_{2º\ membro}$ $x \rightarrow$ é a variável de grau 1

a = **coeficiente numérico** que sempre vem acompanhado da incógnita, também chamado de **coeficiente angular**.

b = **termo independente**.

Quando resolvemos uma equação do 1º grau estamos determinando a *raiz* da equação que só será considerada como resposta se e somente se, esta raiz pertencer ao *conjunto-universo* da equação em questão.

Quando esta raiz **pertence** ao conjunto-universo então ela faz parte do *conjunto-verdade* ou *conjunto-solução*.

Observe:

Exemplo 1) $6x - 12 = 0$, $U = Z$
$6x = 12$
$x = \frac{\cancel{12}^{2}}{\cancel{6}}$
$x = 2 \rightarrow 2 \in Z$ então $V = \{2\}$

Exemplo 2) $2x - 7 = 0$, $U = \mathbb{N}$
$2x = 7$
$x = \frac{7}{2} \rightarrow \frac{7}{2} \notin \mathbb{N}$ então $V = \emptyset$

Exemplo 3) $4x - 7 = 0$, $U = \mathbb{R}$
$4x = 7$

$x = \dfrac{7}{4} \rightarrow \dfrac{7}{4} \in \mathbb{R}$ então $V = \left\{\dfrac{7}{4}\right\}$

102. Verificar se o número dado é raiz da equação:

a) $x + 2 = 9$, $x = 7$
f) $\dfrac{5x}{7} = \dfrac{20}{7}$, $x = 4$

b) $y + 1 = 11$, $y = -10$
g) $\dfrac{2x}{3} = \dfrac{16}{4}$, $x = -6$

c) $m + 9 = 3$, $m = -6$
h) $5x - 7 = 3x - 2$, $x = \dfrac{2}{5}$

d) $x - 6 = 9$, $x = 15$
i) $6x = 0$, $x = 6$

e) $5x = 35$, $x = -7$
j) $-2x = 0$, $x = 0$

103. Resolver as equações abaixo, sendo $U = \mathbb{R}$ (Obs: resolver uma equação é determinar o seu conjunto verdade).

a) $2m - 5 = 14 - 3m$

b) $x - 6 = 5x + 8 - x$

c) $4(x + 2) = 21$

d) $5(-2x + 1) = -2(x - 4)$

e) $x + 2(1 - x) = -4 + 3(x - 2)$

f) $\dfrac{x+2}{3} + \dfrac{2x-1}{4} = \dfrac{2x-3}{2}$

g) $\dfrac{-x+1}{5} - \dfrac{5-2x}{3} = -x$

h) $\dfrac{-1}{3}\left(\dfrac{4x}{5} + \dfrac{1}{2}\right) = \dfrac{-2}{3}\left(\dfrac{1}{5} + x\right)$

i) $3x - 2(x-4) = x + 8$

Observação:

j) $-2(-x-5) + 4(-x-2) = -2(-1+x) + 3$

Observação:

104. Resolva, sendo $U = \mathbb{Q}$

a) $2(y-1) - \dfrac{1}{3}(y+1) = 2y - 3$

b) $\dfrac{x}{4} - \dfrac{2x-1}{3} = \dfrac{1}{3} - \dfrac{x+3}{5}$

c) $2\left(\dfrac{1}{2}x - \dfrac{1}{4}\right) - \dfrac{1}{3}(3x - 12) = \dfrac{1}{4}(4x - 1)$

d) $3x(3x - 2) = (3x - 1)^2 - 2x$

e) $(x - 2)^2 = x(x - 1) + 1$

f) $(x + 2)(x - 2) = (x + 2)^2 - 3$

g) $\dfrac{x+2}{5} - \dfrac{1}{4}(0,8 + x) = 0,5$

h) $5x + \dfrac{1}{3}\left(\dfrac{x}{2} - 1\right) = x - \dfrac{3}{4}$

i) $-2 - \dfrac{1}{2}(-5 - 3x) = -12$

j) $\dfrac{(x+3)^2}{3} - \dfrac{1}{3}(3x-1) - (x-3)^2 = \dfrac{1}{2}(2x+5) - \dfrac{2x^2}{3}$

Equações do 2º grau

Equação do 2º grau em IR: é toda equação na incógnita x que pode ser escrita na forma **ax² + bx + c = 0**, onde a, b e c são números reais com a ≠ 0.

Forma geral: **ax² + bx + c = 0** com a ≠ 0.

As equações do 2º grau podem ser consideradas completas ou incompletas.

Observe:

$x^2 + 5x + 6 = 0$	a = 1	b = 5	c = 6	– completa
$x^2 + 5x = 0$	a = 1	b = 5	$\boxed{c = 0}$	– incompleta
$x^2 - 6 = 0$	a = 1	$\boxed{b = 0}$	c = – 6	– incompleta
$3x^2 = 0$	a = 3	$\boxed{b = 0}$	$\boxed{c = 0}$	– incompleta

Resolução de Equações do 2º grau

Resolver uma equação do 2º grau completa ou incompleta significa encontrar as *raízes* (valores da incógnita) que tornem esta equação em uma sentença matemática *verdadeira*.

Em uma equação do 2º grau podemos encontrar *até duas raízes iguais ou diferentes*.

Estas raízes, por sua vez, deverão pertencer ao *conjunto-universo* para que possam fazer parte do *conjunto-verdade* ou *conjunto-solução*.

Resolução de Equações do 2º grau incompletas

I. Resolver as equações do 2º grau, sendo U = IR

Para a resolução das equações a seguir utilizaremos a propriedade

$\boxed{\text{Se } a \cdot b = 0 \text{ então } a = 0 \text{ ou } b = 0}$

a) $2x^2 = 0$ a = 2 $\boxed{b = 0}$ $\boxed{c = 0}$

→ duas raízes iguais e nulas

V = {0}

ou

b) $2x^2 = 0$

→ duas raízes

V = {0}

Observação:

54

c) $x^2 - 9 = 0$ $a = 1$ $\boxed{b = 0}$ $c = -9$

→ fatoração: diferença de quadrados $a^2 - b^2$
→ pela propriedade
→ duas raízes reais e opostas

$V = \{-3, 3\}$

ou

$x^2 - 9 = 0$

$V = \{-3, 3\}$

d) $x^2 - 6x = 0$ $a = 1$ $b = -6$ $\boxed{c = 0}$

→ fatoração: fator comum em evidência
→ pela propriedade
→ duas raízes reais e diferentes

$V = \{0, 6\}$

Observação:

105. Verificar se o número dado é raiz da equação, substituindo a variável da equação:

a) $x + 9 = 14$, $x = 5$

f) $2x + 3 = 5x - 2 + 3x - 7$, $x = \dfrac{5}{3}$

b) $a + 2 = 10$, $a = 8$

g) $\dfrac{3}{x + 1} = \dfrac{1}{2}$, $x = -5$

c) $4 = 5 - x$, $x = -1$

h) $\dfrac{3(y + 7)}{y} = 2y$, $y = 0$

d) $\frac{y}{4} = -1$, $y = 1$ i) $x^2 + 7x = 0$, $x = -7$

e) $\frac{4}{3} = \frac{6}{x}$, $x = \frac{9}{2}$ j) $x^2 - 1 = 0$, $x = 1$

106. Resolver as equações incompletas, sendo U = IR:

a) $4x^2 = 0$ b) $\frac{1}{2}x^2 = 0$

c) $x^2 - 3x = 0$ d) $x^2 - x = 0$

e) $x^2 - \frac{1}{2}x = 0$ f) $x^2 - 25 = 0$

g) $(x + 2)(x - 1) = 0$ h) $p^2 - 49 = 0$

i) $x^2 + x = 0$ j) $x^2 + 1 = 0$

k) $4x^2 - 16 = 0$ l) $3x^2 = 27$

m) $(3x - p)(2x + q) = 0$ n) $x^2 + 81 = 0$

o) $2x(3x + 1) = 2x$ p) $x^2 = 100$

107. Determine x, sendo U = IR.

a) $x = \dfrac{9}{4x}$

b) $\dfrac{x(x+9)}{2(x-3)} = x$

c) $3x^2 - 5x = 0$

d) $x = \dfrac{4}{x}$

e) $\dfrac{3x^2}{2} + \dfrac{1}{3} = \dfrac{2x}{3} + \dfrac{1}{3}$

f) $\dfrac{2}{5} - \dfrac{x^2 - 1}{3} = \dfrac{1}{3} - \dfrac{x^2 + 3}{5} + \dfrac{3}{5}$

g) $(x-1)^2 = 0$

h) $(x-3)^2 = -6x$

i) $x^2 + 400 = 0$

j) $9x^2 + 81x = 0$

108. Resolver as equações, sendo U = IR.

a) $(x+7)(x-6) = 0$

b) $(\sqrt{2}x - 3)(\sqrt{2}x + 3) = 0$

c) $x^2 + 5 = 0$

d) $x^2 - 7 = 0$

e) $(3\sqrt{2}x + 5)(\sqrt{2}x - 1) = 0$

f) $(3x - 2)^2 (4x - 5)^3 = 0$

g) $(\sqrt{2} - 1)x = \sqrt{2} + 1$

h) $2x^3 - 10x = 0$

i) $(x - 3)^2 = 9$

j) $x^2 + \sqrt{8}x = 0$

109. Calcule o valor de x, sendo U = IR.

a) $(x^2 - 3)^2 = 2(2x^2 - 3)^2 - (4x^4 - 4x^2 + 1) - 3x^4 + 18x^2 - 45 - x^4 + 1 - 9$

b) $4(x+2) + 6(x+1) = 7(x+2)(x+1)$

c) $m(m+1) + m(m+2) = m(m-1)$

d) $6 - 3(x-1) = 2(x+1)(x-1) - 3(x-1)$

e) $3(x-1)(x-2) + x^2 - 5x = x + 9 - 3(1-x)^2$

f) $(x+1)(x-1) - 11x(x-1) = 1 - 5x^2 - 2$

Resolução de Equações do 2º grau completas

Forma Geral : $ax^2 + bx + c = 0$ com $a \neq 0$

I. Resolver as equações do 2º grau completas, sendo U = IR.

1) $x^2 \underbrace{+ 5x}_{s} \underbrace{+ 6}_{p} = 0$ $a = 1$ $b = 5$ $c = 6$

$(x + 3)(x + 2) = 0$ fatoração: soma e produto

$x + 3 = 0$ ou $x + 2 = 0$ propriedade

$x = -3$ $x = -2$ duas raízes reais e diferentes

$V = \{-3, -2\}$

2) $\underbrace{x^2 + 4x + 4}_{(x+2)^2 = 0} = 0$ $a = 1$ $b = 4$ $c = 4$

 → fatoração: trinômio quadrado perfeito

$(x + 2)(x + 2) = 0$ → propriedade

$x + 2 = 0$ ou $x + 2 = 0$

$x = -2$ $x = -2$ duas raízes reais e iguais

$V = \{-2\}$

3) $\underbrace{4x^2 + 12x + 9}_{(2x+3)^2 = 0} = 0$ $a = 4$ $b = 12$ $c = 9$

 fatoração: trinômio quadrado perfeito

$(2x + 3)(2x + 3) = 0$ → propriedade

$2x + 3 = 0$ ou $2x + 3 = 0$

$x = -\dfrac{3}{2}$ $x = -\dfrac{3}{2}$ → duas raízes reais e iguais

$V = \left\{-\dfrac{3}{2}\right\}$

Observação:

110. Resolver as equações do 2º grau, sendo U = IR.

a) $x^2 + x - 12 = 0$

b) $x^2 + 2x - 3 = 0$

c) $x^2 + 6x + 7 = 0$

d) $m^2 - 8m + 16 = 0$

e) $y^2 + 6y + 9 = 0$

f) $25x^2 + 30x + 9 = 0$

g) $4x^2 - 8x + 4 = 0$

h) $3x^2 - 15x - 42 = 0$

i) $x^2 - \dfrac{5x}{6} + \dfrac{1}{6} = 0$

j) $x^2 - x - 56 = 0$

111. Calcule, sendo U = IR.

a) $y^2 = 2(5y - 12)$

b) $(a + 7)^2 - 16 = 0$

c) $(x + 2)^2 = 9$

d) $x(x + 9) = -2(-x - 3) + 24$

e) $x^2 - 5x + 4 = 0$

f) $x^2 + 2x + 1 = 0$

g) $x^4 - 5x^2 + 4 = 0$

h) $x^2 + (a + b)x + ab = 0$

62

112. Resolver as equações, U = IR

a) $x^2 + 5x + 4 = 0$

b) $x^2 + x - 2 = 0$

c) $x^2 + 9x - 10 = 0$

d) $x^2 - 3x - 28 = 0$

e) $x^2 - x - 42 = 0$

f) $x^2 - 20x + 64 = 0$

g) $x^2 + 13x + 12 = 0$

h) $x^2 - 6x + 5 = 0$

i) $x^2 + 21x + 20 = 0$

j) $-x^2 - 20x - 36 = 0$

k) $x^2 - 10x + 9 = 0$

l) $-x^2 - 11x + 26 = 0$

m) $x^2 - 8x - 48 = 0$

n) $x^2 - 4x + 3 = 0$

o) $3x^2 - 9x - 120 = 0$

p) $-2x^2 + 6x + 140 = 0$

q) $3x^2 - 9x + 6 = 0$

r) $7x^2 + 21x - 28 = 0$

s) $x^2 + \dfrac{1}{6}x - \dfrac{1}{6} = 0$

t) $y^2 + \dfrac{13}{15}y + \dfrac{2}{15} = 0$

u) $m^2 - \dfrac{7m}{2} - 2 = 0$

v) $x^4 + \dfrac{1}{2}x^2 - 3 = 0$

II. Resolva a equações do 2º grau completas, sendo $U = \mathbb{R}$

$7x^2 + 13x - 2 = 0 \qquad a = 7 \qquad b = 13 \qquad c = -2$

$\hookrightarrow a \neq 1$

$\begin{cases} \Delta \_\_\_ 0 \_\_\_ \text{raízes} \\ x' \_\_\_ x'' \end{cases}$

Até agora você viu que as equações do 2º grau completas ou incompletas foram resolvidas usando-se fatoração ou a propriedade, (a . b = 0 $\Rightarrow$ a = 0 ou b = 0).

Porém veremos agora equações que são resolvidas com o auxílio de uma fórmula.

Esta fórmula nos permitirá perceber se a equação possui ou não raízes, se estas são iguais, nulas, diferentes ou opostas e quais são elas.

Observe como se chegou a esta fórmula e tente resolver o exercício acima.

Fórmula de Baskhara

Forma Geral:
$$ax^2 + bx + c = 0 \qquad \text{com } a, b, c \in \mathbb{R} \text{ e } a \neq 0$$

1°) $ax^2 + bx + c = 0 \quad (.\,4a)$
$(ax^2 + bx + c) \cdot \mathbf{4a} = 0 \cdot \mathbf{4a}$
$4a^2x^2 + 4abx + 4ac = 0$

2°) $4a^2x^2 + 4abx + 4ac = 0$
$4a^2x^2 + 4abx = -\mathbf{4ac}$

3°) $4a^2x^2 + 4abx = -4ac \quad (+b^2)$
$4a^2x^2 + 4abx + \mathbf{b^2} = \mathbf{b^2} - 4ac$

4°) $\underbrace{4a^2x^2 + 4abx + b^2}_{\text{Trinômio Quadrado Perfeito}} = b^2 - 4ac$

então

$(2ax + b)^2 = b^2 - 4ac$

5°) $\sqrt{(2ax+b)^2} = \sqrt{b^2 - 4ac}$

$|2ax + b| = \sqrt{b^2 - 4ac}$

$2ax + b = \pm\sqrt{b^2 - 4ac}$

6°) $2ax + b = \pm\sqrt{b^2 - 4ac}$

$2ax = -b \pm \sqrt{b^2 - 4ac}$

$$x = \frac{-b \pm \sqrt{b^2 - 4ac}}{2a} \begin{cases} x' = \dfrac{-b + \sqrt{b^2 - 4ac}}{2a} \\ x'' = \dfrac{-b - \sqrt{b^2 - 4ac}}{2a} \end{cases}$$

$$V = \left\{ \frac{-b + \sqrt{b^2 - 4ac}}{2a}, \frac{-b - \sqrt{b^2 - 4ac}}{2a} \right\}$$

Obs: Chama-se $b^2 - 4ac = \Delta$ (delta - letra do alfabeto grego).

O Δ é o discriminante da equação ou seja, é através do seu valor que saberemos se a equação possui raízes reais ou não.

Então antes de fazermos todas as substituições numéricas na fórmula é conveniente determinarmos primeiro o Δ e só depois continuarmos os cálculos.

$\Delta = b^2 - 4ac$

$$x = \frac{-b \pm \sqrt{\Delta}}{2a} \begin{cases} x' = \dfrac{-b + \sqrt{\Delta}}{2a} \\ x'' = \dfrac{-b - \sqrt{\Delta}}{2a} \end{cases}$$

113. Vamos agora resolver algumas equações do 2º grau completas utilizando a Fórmula de Baskhara.

a) $6x^2 - 5x - 4 = 0$ \qquad a = \qquad b = \qquad c =

$$\begin{cases} \Delta \_\_\_ 0 \quad \_\_\_ \text{ raízes reais} \\ x' \_\_\_ x'' \end{cases}$$

b) $3x^2 - 2x - 1 = 0$ \qquad a = \qquad b = \qquad c =

$$\begin{cases} \Delta \_\_\_ 0 \quad \_\_\_ \text{ raízes reais} \\ x' \_\_\_ x'' \end{cases}$$

c) $6x^2 + x - 1 = 0$ \qquad a = \qquad b = \qquad c =

$$\begin{cases} \Delta \_\_\_ 0 \quad \_\_\_ \text{ raízes reais} \\ x' \_\_\_ x'' \end{cases}$$

d) $2x^2 - x + 1 = 0$ a =   b =   c =

$$\begin{cases} \Delta \_\_\_ 0 \_\_\_ \text{raízes reais} \\ x' \_\_\_ x'' \end{cases}$$

e) $3x^2 - 4x + 2 = 0$ a =   b =   c =

$$\begin{cases} \Delta \_\_\_ 0 \_\_\_ \text{raízes reais} \\ x' \_\_\_ x'' \end{cases}$$

f) $9y^2 - 6y + 1 = 0$ a =   b =   c =

$$\begin{cases} \Delta \_\_\_ 0 \_\_\_ \text{raízes reais} \\ y' \_\_\_ y'' \end{cases}$$

Observação:

g) $4x^2 + 5x - 9 = 0$ .... a =   b =   c =

$\begin{cases} \Delta \_\_\_ 0 \quad \_\_\_ \text{ raízes reais} \\ x' \_\_\_ x'' \end{cases}$

h) $5m^2 + m = 1$ .... a =   b =   c =

$\begin{cases} \Delta \_\_\_ 0 \quad \_\_\_ \text{ raízes reais} \\ m' \_\_\_ m'' \end{cases}$

i) $2z^2 + 30 = 7z$ .... a =   b =   c =

$\begin{cases} \Delta \_\_\_ 0 \quad \_\_\_ \text{ raízes reais} \\ z' \_\_\_ z'' \end{cases}$

68

j) $3x^2 + 2x - 8 = 0$ $\qquad$ a = $\qquad$ b = $\qquad$ c =

$$\begin{cases} \Delta \_\_\_ 0 \_\_\_ \text{raízes reais} \\ x' \_\_\_ x'' \end{cases}$$

k) $x(x-3) + 5 = 0$ $\qquad$ a = $\qquad$ b = $\qquad$ c =

$$\begin{cases} \Delta \_\_\_ 0 \_\_\_ \text{raízes reais} \\ x' \_\_\_ x'' \end{cases}$$

114. Resolva as equações, sendo U = IR

a) $2x^2 + 2x = 5$

b) $\frac{3}{2}y^2 - y - \frac{4}{3} = 0$

c) $(3x - 1)(2x + 5) = x(x - 1)$

d) $3x^2 + \dfrac{9}{2}x - 3 = 0$

e) $5x^2 - 22x + 8 = 0$

f) $3x^2 - 5x - 1 = 0$

g) $(x + 2)^2 - 6 = x + 2$

h) $8(x - 6) + (12 - x)(x + 6) = (x + 6)(x - 6)$

i) $2(x^2 + 1) - (x - 2)(x - 1) - 2(x + 1) = 0$

j) $\dfrac{x(x + 1)}{4} - \dfrac{x - 5}{12} = \dfrac{5(2x - 1)}{6}$

115. Resolva cada equação a seguir, sendo U = IR.

a) $\dfrac{x^2 + x}{3} - \dfrac{x}{2}(x-1) = 0$

b) $9\left(x + \dfrac{1}{4}\right)\left(x - \dfrac{1}{4}\right) = 2,5$

c) $x(x+4) + x(x+1) = (x+1)(x+4)$

d) $4x^2 + (x+2)^2 = 2 \cdot 2x(x+2)$

e) $x(x-1) + 24 = (x-1)(3x-4)$

f) $(x-3)(x+1)(x+2) - (2x+3)(x-2)(x+2) + (x+3)(x-2)(x+1) = 0$

g) $2(x^2+1) - (x-2)(x-1) - 2(x+1) = 0$

h) $(x+1)(1-x) = 1 - \dfrac{x}{3}$

i) $\dfrac{x-1}{\sqrt{2}-1} - x^2 = \dfrac{x+1}{\sqrt{2}+1}$

j) $6(5x+4)^2 + 6(5x-4)^2 = 13(5x+4)(5x-4)$

116. Resolva cada equação a seguir, sendo U = IR.

a) $x^2 - 7x + 12 = 0$

b) $6x^2 - 4x - 3 = 0$

c) $x^2 + 10x - 11 = 0$

d) $x^2 + 8x - 12 = 0$

e) $x^2 - 9x + 20 = 0$

f) $x^2 - 2x + 5 = 0$

g) $6x^2 + x - 1 = 0$

h) $9x^2 - 5x = x - 1$

i) $x(x + 11) + 2(x + 21) = 0$

j) $(3x + 1)^2 + 4 = 7x + 1$

k) $-2x^2 + 9x + 18 = 0$

l) $(x - 2)(x - 1) = 6$

m) $2x^2 + x - 5 = 0$

n) $2x(x + 1) - 3(12 - x) = x(x + 5)$

o) $(x + 5)(x − 3) = 1 + 2x$

p) $x^2 + 225 = 0$

q) $x^2 + 16 = 0$

r) $-4x^2 − 3x − 2 = 0$

s) $\frac{1}{3}x^2 − 3 = x^2$

t) $2x(x + 1) + (x − 3)^2 = 9$

u) $6(2x + 3) = (3x − 2)^2 + 3x(1 − 5x)$

v) $2x − (x + 2) + (x − 4)(x − 2) = 0$

x) $\left(x + \frac{1}{3}\right)\left(x - \frac{1}{3}\right) = 3x - \frac{1}{9}$

z) $-2(x-3)(x-2) = -(x-2) + (x-3)$

117. Resolva, sendo U = IR

a) $3\sqrt{2}\,x^2 + \sqrt{3}\,x = 0$

b) $x^2 - \sqrt{2} = 0$

c) $x^2 - 5\sqrt{2}\,x + 12 = 0$

d) $x^2 - x + 3\sqrt{3} - 5 = 0$

e) $6\left(\dfrac{3x+1}{5} - 3\right)^2 - 7\left(\dfrac{3x+1}{5} - 3\right) - 3 = 0$

f) $2x^2 - x = \sqrt{2}\,x^2 + 2 - x$

g) $5x^2 - 3x - 2 = 0$

h) $(3x - 1)^2 = 2(1 - 3x)$

i) $x^3 - 6x^2 + 11x - 6 = 0$

Observação: Relação entre o Δ e as raízes
1. Δ _ _ _ 0   x' _ _ _ x"
2. Δ _ _ _ 0   x' e x" _ _ _ IR
3. Δ _ _ _ 0   x' _ _ _ x"

Relações entre coeficientes e raízes da equação do 2º grau

Entre as propriedades das raízes da equação do 2º grau reduzida à forma $ax^2 + bx + c = 0$ ($a \neq 0$), achamos a soma S e o produto P dessas raízes.

$S = x' + x''$

$S = \left(\dfrac{-b+\sqrt{\Delta}}{2a}\right) + \left(\dfrac{-b-\sqrt{\Delta}}{2a}\right) =$

$S = \dfrac{-b+\sqrt{\Delta}-b-\sqrt{\Delta}}{2a} = \dfrac{-2b}{2a} = \dfrac{-b}{a}$

$\boxed{S = x' + x'' = \dfrac{-b}{a}}$

$P = x' + x''$

$P = \left(\dfrac{-b+\sqrt{\Delta}}{2a}\right) \cdot \left(\dfrac{-b-\sqrt{\Delta}}{2a}\right)$

$P = \dfrac{b^2 + b\sqrt{\Delta} - b\sqrt{\Delta} - \Delta}{4a^2}$

$P = \dfrac{b^2 - \Delta}{4a^2} = \dfrac{b^2 - (b^2 - 4ac)}{4a^2} \qquad \Delta = b^2 - 4ac$

$P = \dfrac{b^2 - b^2 + 4ac}{4a^2} = \dfrac{4ac}{4a^2} = \dfrac{c}{a}$

$\boxed{P = x' \cdot x'' = \dfrac{c}{a}}$

Assim em equações do 2º grau com $a = 1$ e com raízes x' e x'', teremos:

$ax^2 + bx + c = a$ forma geral
Se $a = 1$, $x^2 + bx + c = 0$, então as relações entre coeficientes e raízes podem ser escritas:

$x' + x'' = -\dfrac{b}{1} \longrightarrow x' + x'' = -b$

$x' \cdot x'' = \dfrac{c}{1} \longrightarrow x' \cdot x'' = c$

Consequências dessas relações:

I. Cálculo da soma e do produto das raízes da equação $2x^2 - 10x + 6 = 0$, sem determiná-las.

$x' + x'' = -\dfrac{b}{a} =$

$x' \cdot x'' = \dfrac{c}{a} =$

II. Calcular a soma e o produto das raízes da equação $x^2 + 2x - 3 = 0$, sem determiná-las.
   Com $a = 1$, segue-se que:

$x' + x'' = -b =$
$x' \cdot x'' = c =$

118. Determinar a soma S e o produto P das raízes da equação do 2º grau.

a) $7x^2 - 8x - 2 = 0$

f) $2x^2 - 3x - 20 = 0$

b) $3x^2 - 6x + 4 = 0$

g) $8x^2 - 34x + 15 = 0$

c) $2x^2 - 5x + 3 = 0$

h) $x^2 - 7x + 12 = 0$

d) $x^2 - 2x - 15 = 0$

i) $x^2 - 2mx + m^2 - n^2 = 0$

e) $x^2 + x - 30 = 0$

j) $9x^2 - 6x + 1 = 0$

Formação de uma equação do 2º grau, dadas as raízes.

I. Considerando $a = 1$ a equação é $x^2 + bx + c = 0$

Neste caso temos $\begin{cases} x' + x'' = -b \implies b = -(x' + x'') \\ x' + x'' = c \end{cases}$

Daí, teremos: $x^2 + bx + c = 0 \implies x^2 - \underbrace{(x' + x'')}_{S} + \underbrace{x' \cdot x''}_{P} = 0$

Então: **$x^2 - Sx + P = 0$**

119. Forme a equação do 2º grau, com $a = 1$, cujas raízes são os números:

a) 3 e 1

f) $3 + \sqrt{2}$ e $3 - \sqrt{2}$

b) 2 e − 1

c) − 3 e − $\frac{1}{2}$

d) 0 e 2

e) 3 e 0

g) 1 e 5

h) a + b$\sqrt{2}$ e a − b$\sqrt{2}$

i) a − b e a + b

j) − 2 e 7

120. Dada a equação $(3m − 2)x^2 − (2m + 1)x + m = 0$, determinar m de modo que:

a) uma das raízes seja − 1

b) a soma das raízes seja 2

c) as raízes sejam opostas (simétricas)

d) uma das raízes seja nula

e) uma das raízes seja o inverso da outra

121. Sendo r e s as raízes da equação $3x^2 - 5x + 2 = 0$, determinar sem resolvê-la:

a) $r + s =$

b) $r \cdot s =$

c) $r^2 + s^2 =$

d) $\dfrac{1}{r} + \dfrac{1}{s} =$

e) $\dfrac{1}{r^2} + \dfrac{1}{s^2} =$

122. Determinar os valores de $k \in \mathbb{R}$ na equação $x^2 + 10x - K = 0$ a fim de que:

a) as raízes sejam reais e distintas

b) as raízes sejam reais e iguais

c) a equação não tenha raiz em IR

d) uma das raízes seja 0

e) a soma dos inversos das raízes seja $\frac{5}{4}$

f) uma das raízes seja o quádruplo da outra

123. Determine o valor de m na equação $mx^2 - 2x + 1 = 0$, a fim de que ela seja do 2º grau e tenha raízes reais e iguais.

124. Calcular o valor de y na equação do 2º grau $x^2 - 2x + 7y - 3 = 10$ de modo que o produto entre as raízes seja igual a -10.

125. Calcule o valor de w na equação do 2º grau $x^2 - (3w - 1)x + 2w = 0$ de modo que as raízes sejam simétricas.

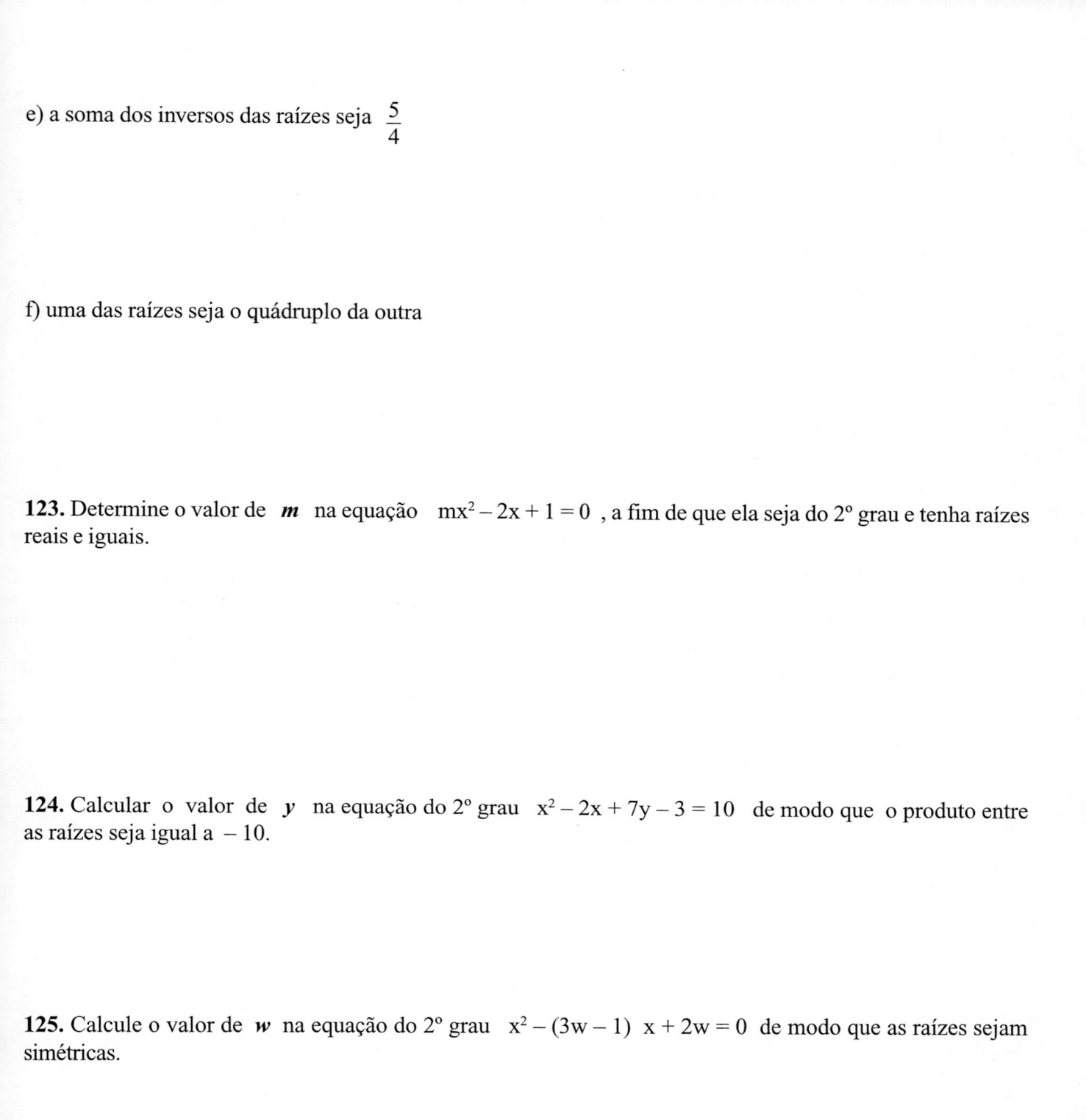

126. Qual o valor de $c \in \mathbb{R}$ para que a equação $3x^2 - 10x + c = 0$, tenha as duas raízes positivas?

127. Determinar $q \in \mathbb{R}$ na equação $qx^2 - 4x - 3 = 0$ de modo que:

a) uma raiz seja inversa da outra

b) as duas raízes sejam iguais

c) não haja raiz real

d) as raízes sejam simétricas

Observação:

128. Calcular a soma e o produto das raízes da equação $3x^2 - 2x - 65 = 0$

129. Calcular os valores de $m \in \mathbb{R}$ na equação $x^2 - 4x - m = 0$ a fim de que a equação tenha raízes reais e distintas.

130. Calcular o valor de p na equação $x^2 - px = 0$ de modo uma das raízes seja 2.

131. Determinar o valor de **K** na equação $8x^2 - (K-1)x + K - 7 = 0$ de modo que as raízes sejam opostas.

132. Calcular **n** na equação $(n+1)x^2 - (n+2)x - 1 = 0$ a fim de que a soma das raízes seja $\frac{2}{3}$.

133. Determine o valor de **p** na equação $x^2 - (p+2)x + p - 3 = 0$ a fim de que as raízes sejam opostas.

134. Determine o valor de **K** na equação $x^2 - 2x + K = 0$ para que a diferença entre as raízes seja 2.

135. Qual deve ser o valor $h \in \mathbb{R}$ para que equação $x^2 - x + h = 0$ não tenha raiz real.

Equações Redutíveis ao 2º grau

Equações Biquadradas

Chama-se equação biquadrada toda equação do tipo $ax^4 + bx^2 + c = 0$ onde $a \neq 0$.

Exemplos:

$2x^4 + 3x^2 + 5 = 0$ $\qquad$ $a = 2, b = 3, c = 5$
$x^4 - 3x^2 = 0$ $\qquad$ $a = 1, b = -3, c = 0$
$3x^4 - 3 = 0$ $\qquad$ $a = 3, b = 0, c = -3$
$\dfrac{1}{2}x^4 = 0$ $\qquad$ $a = \dfrac{1}{2}, b = 0, c = 0$

1º Solução: Fatoração $\qquad$ Trinômio do 2º grau
$\qquad x^4 - 8x^2 + 7 = 0$

2º Solução: Fatoração → Trinômio Quadrado Perfeito
$\qquad x^4 - 12x^2 + 36 = 0$

3º Solução: Fórmula de Baskhara
$\qquad 4x^4 - 17x^2 + 4 = 0$

Observações:

136. Resolver as seguintes equações biquadradas, sendo U = IR.

a) $x^4 - 6x^2 - 7 = 0$

b) $x^4 - 8x^2 + 15 = 0$

c) $x^4 - 10x^2 + 21 = 0$

d) $x^4 - 4x^2 - 21 = 0$

e) $x^4 - 100 = 0$

f) $x^4 - 25 = 0$

g) $9x^4 - 81x^2 = 0$

h) $x^4 + 7x^2 + 8 = 0$

i) $4x^4 - 12x^2 + 9 = 0$

j) $3x^4 = 0$

137. Resolver as equações, sendo U = IR.

a) $4x^4 + 12x^2 + 9 = 0$

b) $9x^4 - 24x^2 + 16 = 0$

c) $x^4 + x^2 - 110 = 0$

d) $x^4 - 7x^2 - 18 = 0$

e) $2x^4 + 4x^2 = 0$

f) $x^4 + 4x^2 - 4 = 0$

g) $x^4 - 8x^2 - 9 = 0$

h) $3x^4 + 12x^2 = 15$

i) $x^4 - \frac{7}{3}x^2 = -\frac{2}{3}$

j) $3x^4 - 14x^2 = 5$

138. Calcule o valor de x, sendo U = IR.

a) $(x^2 - 10)(x^2 - 3) = 18$

b) $9x^4 = 4 - 5x^2$

c) $x^2(x^2 - 8) + 15 = 0$

d) $x^2 + 1 = (x^2 - 7)(x^2 - 4)$

e) $(x^2 - 3)^2 + (2x^2 + 1)^2 = 82$

f) $(x^2 + 1)^2 + (x^2 - 1)^2 = 4x^2$

g) $x^2(x^2 - 9) + x^2(x^2 - 4) = 1(x^2 - 4)(x^2 - 9)$

h) $(x^2 + 5)(x^2 - 5) + 7x^2 = 119$

139. Resolva as equações abaixo, sendo U = IR.

(Todas as equações abaixo são redutíveis à equações do 2º grau).

a) $a^5 - 16a = 0$

b) $16x^5 - x = 0$

c) $3x^3 - 27x - 2x^2 + 18 = 0$

d) $2x^5 - 2x = 0$

e) $x^3 - 2x^2 + x = 0$

f) $(x^2 - 1)(x^4 - 6x^2 + 9) = 0$

140. Calcular o valor de x real em cada equação a seguir:

a) $(x - 1)(x + 2)(x - 4)(x + 3) + 10x = 274$

b) $(x^2 - 1)^2 + (x^2 - 3)^2 = 20$

c) $x^4 - \dfrac{x^2 - 3}{2} = \dfrac{2x^2 + 4}{3}$

d) $25x^2 + \dfrac{12}{5x^2} = \dfrac{47}{3}$

e) $(2x^2 - 1)^2 - (x^2 + 3)(x^2 - 3) = -8$

f) $x^4 - 1{,}01x^2 + 0{,}01 = 0$

Equação Literal do 2º grau

Uma equação é chamada literal quando pelo menos um de seus coeficientes contém letras. Essas letras são chamada de parâmetros.

As equações literais do 2º grau são resolvidas do mesmo modo que as numéricas.

Exemplo 1) $4x^2 - 12ax = 0$ $\qquad$ a = 4 $\qquad$ b = – 12a
$\qquad\qquad\qquad\qquad\qquad\qquad\qquad\qquad\qquad\qquad$ ↳ parâmetro

Exemplo 2) $4x^2 - 3ax - a^2 = 0$ $\qquad$ a = $\qquad$ b = $\qquad$ c =

Exemplo 3) $ax^2 - b = 0$

Exemplo 4) $abx^2 - (a - b)x - 1 = 0$

97

Observação:

141. Resolva as equações literais na incógnita x

a) $ax^2 + 2x = 0$

b) $x^2 - 3ax = 0$

c) $15x^2 + 45bx = 0$

d) $\dfrac{x^2}{a} = x$

e) $2ax^2 - 4a = 0$

f) $x^2 - (a + b)x + ab = 0$

g) $5x^2 - (a - 1)x = 0$

h) $x^2 + ax - 20a^2 = 0$

i) $a^2x^2 + abx - 2b^2 = 0$

j) $x^2 - (a + 2)x + 2a = 0$

141. Resolver as equações a seguir na incógnita x

a) $x^2 - 4bx + 4b^2 - a^2 = 0$

b) $a^2x^2 - 2a^3x + a^4 - 1 = 0$

c) $x^2 + 2x(4 - 3a) - 48a = 0$

d) $x^2 - 2mx + m^2 - n^2 = 0$

e) $(a^2 - b^2)x^2 + a^2b^2 = 2a^2bx$

f) $x^2 - 2acx + a^2(c^2 - b^2) = 0$

g) $mx^2 - (m-n)x - n = 0$

h) $x^2 - 6acx + a^2(9c^2 - 4b^2) = 0$

i) $2xc^2 - c^4 = x^2 - c^2$

j) $x^2 + ab\sqrt{2} = ax\sqrt{2} + bx$

143. Prepare as equações literais na incógnita x e resolva-as:

a) $(x - a)(x - b) - (x - 3b)(2x - b) = 3b(x - b) - x(2x + a) - a(5b - 4a)$

b) $abx(x + a) - ax(a + b^2) - bx(b - ax) = abx(a - b + x) - ab$

144. Resolva as equações literais biquadradas na incógnita x abaixo

a) $x^4 - (a^2 + b^2)x^2 + a^2b^2 = 0$

b) $b^2x^4 - a^2x^2 + 4a^2b^2x^2 - 4a^4 = 0$

c) $b^2x^4 + a^2b^2x^2 - 3a^2x^2 - 3a^4 = 0$

d) $x^4 + a^4 + b^4 + 2ab(a^2 + b^2) - 2b^2(x^2 - a^2) = 2ax^2(a + b)$

145. Resolva as equações a seguir na incógnitas x

a) $y^2x^2 - 8yx + 12 = 0$

b) $x^2 - 2abx - 3a^2b^2 = 0$

c) $(x + 2a)(x - 2a) + 2a^2 = 2a(a - x)$

d) $nx^2 - (m - n)x - m = 0$

e) $m^2x^2 - 2mnx - 3n^2 = 0$

f) $abx^4 - a^2x - b^2x = -ab$

Vamos agora resolver alguns problemas.

146. Um pai dividiu 350 moedas entre seus filhos, dando ao mais velho o dobro do que deu ao segundo e a este o dobro do que deu ao mais novo. Quantas moedas recebeu cada um dos três filhos?

147. A soma dos quadrados de 3 números consecutivos é 77. Quais são esses números?

148. A área de um quadrado dobra quando sua altura é aumentada de 6 metros e sua largura de 4 metros. Determine o lado do quadrado.

149. Determinar um número tal que a diferença entre ele e seu recíproco seja igual a $\frac{7}{12}$.

150. Um pai tinha 30 anos quando nasceu seu filho. Se multiplicarmos as idades que possuem hoje, obtém-se um produto que é igual a 3 vezes o quadrado da idade do filho. Determine as idades do pai e do filho hoje.

151. Determinar três números inteiros, positivos e consecutivos, tais que o quadrado do menor seja igual à diferença entre os quadrados dos outros dois.

152. Um pai têm exatamente o triplo da idade do seu filho mais velho e este o sextuplo da do mais novo. Os três têm ao todo 50 anos. Quantos anos têm cada um?

153. Quatro sócios têm ao todo um capital de R$ 63.000,00. O sócio A têm o triplo do que têm o sócio B, o sócio C o triplo do que têm o sócio A, e D a metade de C. Qual é o capital de cada um?

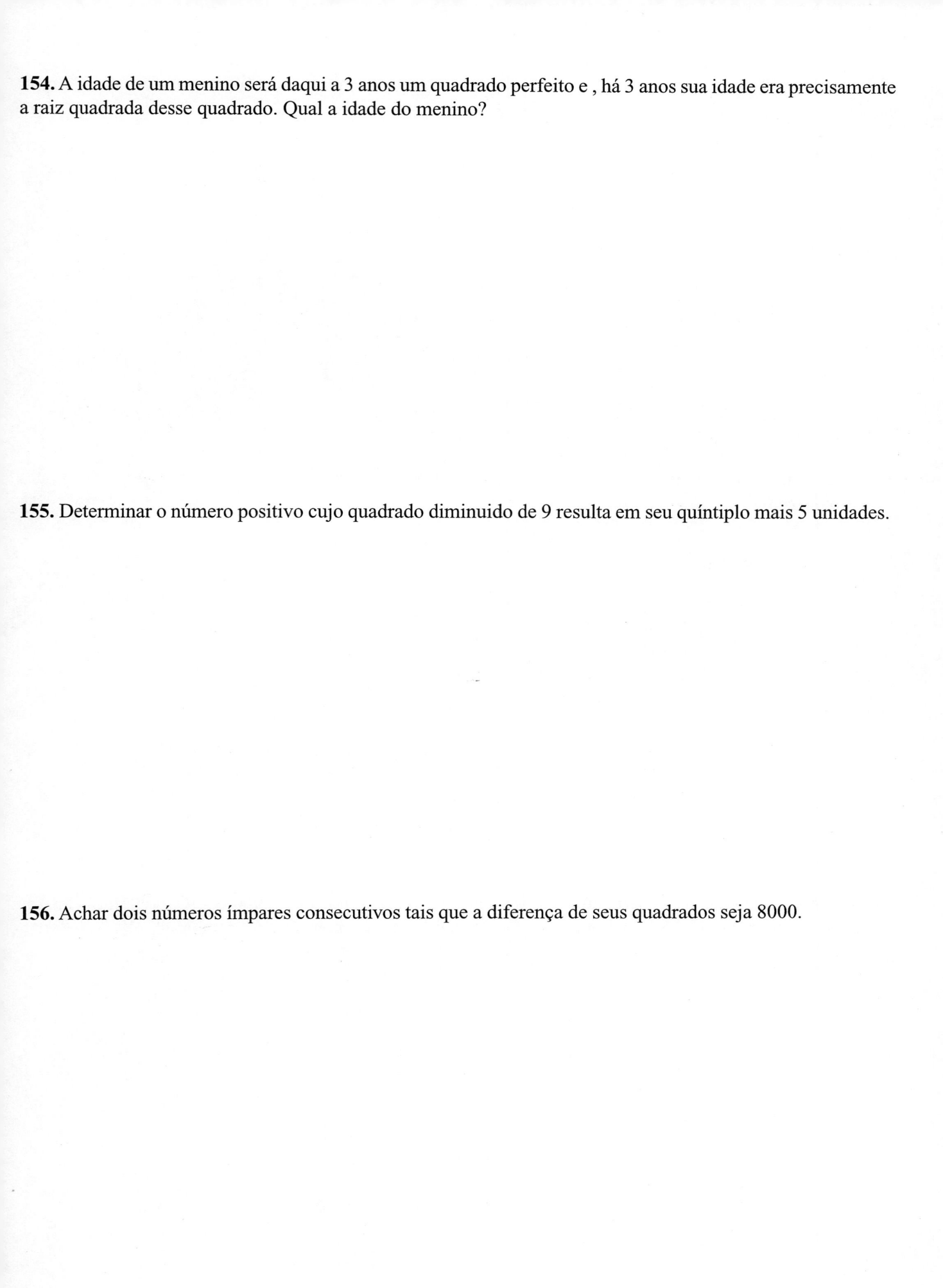

154. A idade de um menino será daqui a 3 anos um quadrado perfeito e , há 3 anos sua idade era precisamente a raiz quadrada desse quadrado. Qual a idade do menino?

155. Determinar o número positivo cujo quadrado diminuido de 9 resulta em seu quíntiplo mais 5 unidades.

156. Achar dois números ímpares consecutivos tais que a diferença de seus quadrados seja 8000.

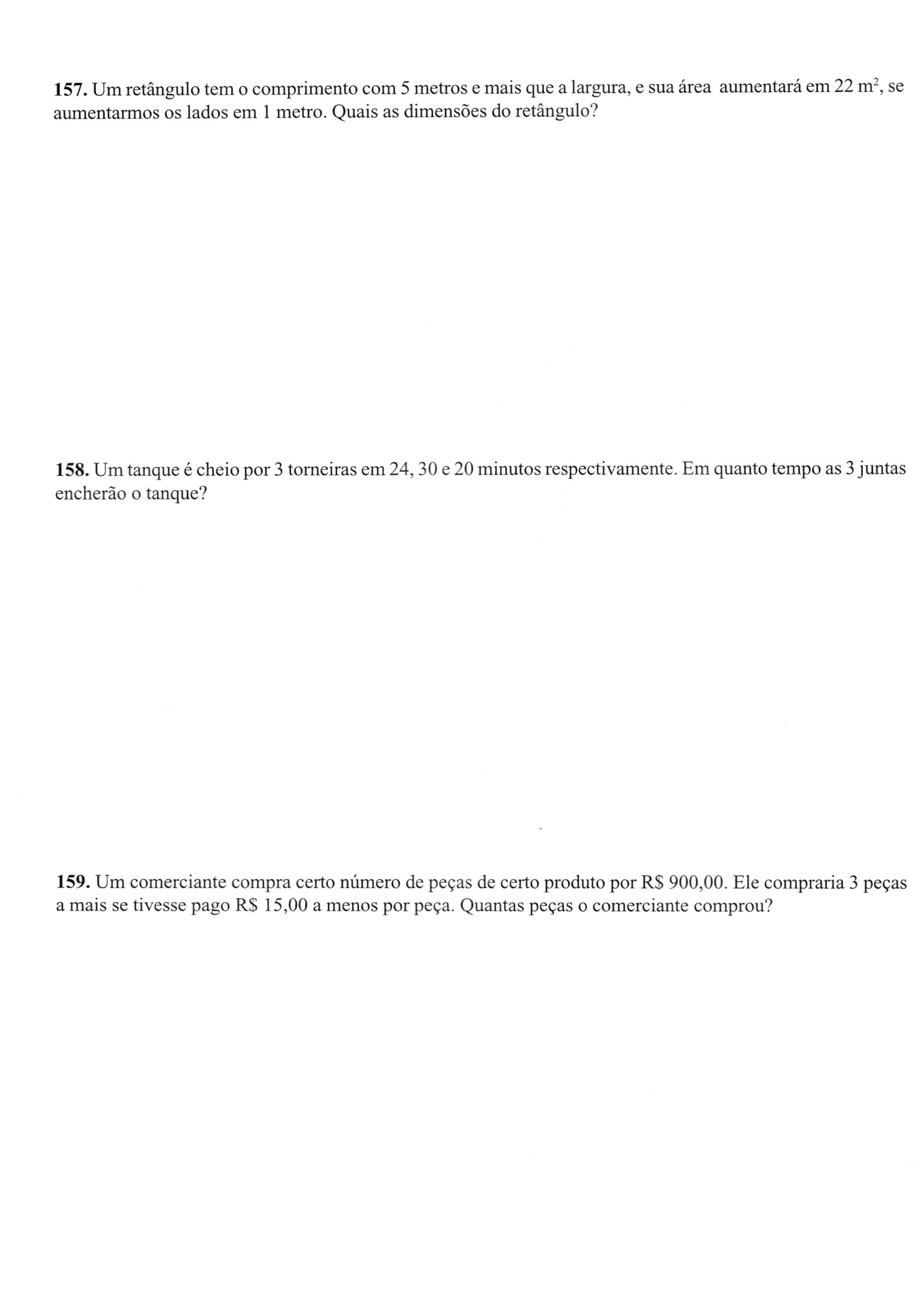

157. Um retângulo tem o comprimento com 5 metros e mais que a largura, e sua área aumentará em 22 m², se aumentarmos os lados em 1 metro. Quais as dimensões do retângulo?

158. Um tanque é cheio por 3 torneiras em 24, 30 e 20 minutos respectivamente. Em quanto tempo as 3 juntas encherão o tanque?

159. Um comerciante compra certo número de peças de certo produto por R$ 900,00. Ele compraria 3 peças a mais se tivesse pago R$ 15,00 a menos por peça. Quantas peças o comerciante comprou?

160. Decompor o número 108 em duas parcelas cuja diferença seja 24.

161. Determinar dois números cuja soma seja 8 e tais que seus quadrados sejam proporcionais a 1 e 9.

162. A área de um retângulo é 78 m². Se um lado mede 7 m a mais que o outro, determinar as suas medidas.

163. Um pai tem 3 vezes a idade de seu filho, sendo que há 4 anos, a idade do pai era 4 vezes maior que a idade do filho. Quantos anos tem cada um?

164. Dois números são tais que a soma de seus quadrados é 89 e o quadrado da diferença entre eles é 9. Determine esses números.

165. A soma do numerador com o denomirador de uma fração é 10. Somando-se 4 unidades ao numerador e retirando-se 4 unidades do denominador encontramos uma nova fração recíproca a fração original. Determine a fração original.

166. Uma tropa foi formada segundo um quadrado completo, sobrando 60 homens. Aumentando cada lado de 5 homens, faltaram 5 homens para completar o novo quadrado. Determine o número de homens nesta tropa.

167. As diagonais de um losango estão entre si na razão 4 para 5 e a área deste losango é 90 dm². Determinar as medidas destas diagonais.

168. Dois números inteiros diferem 2 unidades. A diferença dos seus quadrados excede o triplo do menor em 9 unidades. Calcule estes números.

169. A soma dos quadrados de dois números inteiros é 13. Determiná-los sabendo-se que o quádruplo da soma dos quadrados desses números é igual a 58 menos o produto dos mesmos.

170. Um pai quer distribuir maçãs a seus filhos. Dando 5 maçãs para cada um, sobram-lhe 4 e dando 6, falta-lhe uma. Quantas maçãs e quantos filhos tem o rapaz?

171. Determinar qual o número positivo pelo qual se deve dividir 105 de modo que se obtenha um quociente que supera em 8 unidades o divisor e o resto seja igual a 0.

172. Uma torneira gasta 24 minutos para encher um tanque e uma outra torneira gasta 36 minutos para encher este mesmo tanque. Em quanto tempo as duas juntas encherão o tanque?

173. Há 40 anos, a soma dos quadrados das idades de João e José, que é 9 anos mais velho que João, era 221 anos. Quantos anos têm João e José hoje?

174. A diferença entre dois números naturais, cuja soma dos quadrados é 290, é 2. Determine esses números.

175. Um grupo de turistas vai a uma excursão. Se cada um pagar R$ 7,50, faltarão R$ 44,00 para cobrir o custo, se cada um pagar R$ 8,00, sobrarão R$ 44,00. Quantas pessoas vão a excursão?

176. A soma dos quadrados de três números ímpares consecutivos é 515, determine esses números.

177. O dobro da idade de um menino mais a seis anos será o dobro do quadrado da idade que tinha 3 anos atrás. Quantos anos tem este menino?

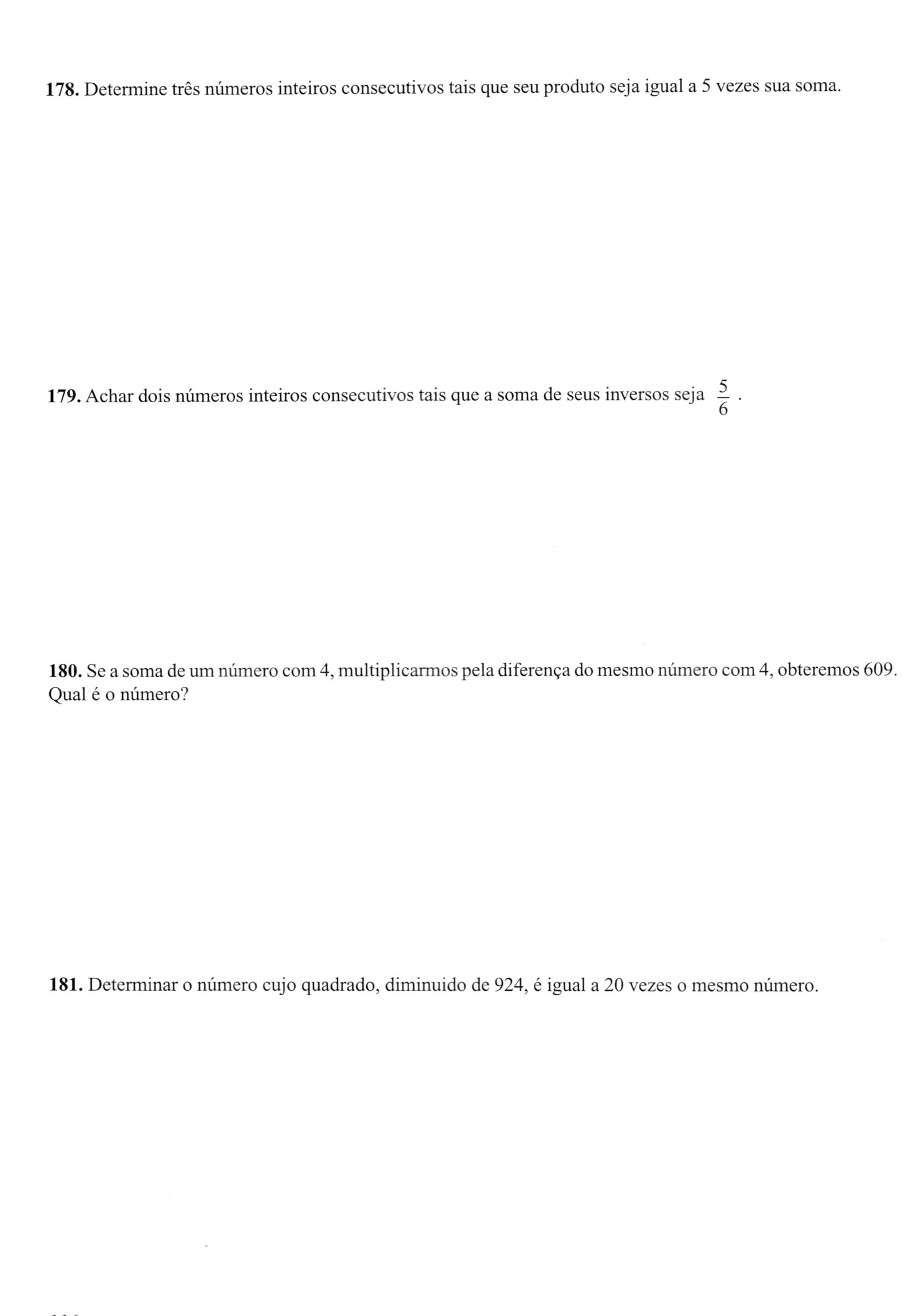

178. Determine três números inteiros consecutivos tais que seu produto seja igual a 5 vezes sua soma.

179. Achar dois números inteiros consecutivos tais que a soma de seus inversos seja $\frac{5}{6}$.

180. Se a soma de um número com 4, multiplicarmos pela diferença do mesmo número com 4, obteremos 609. Qual é o número?

181. Determinar o número cujo quadrado, diminuido de 924, é igual a 20 vezes o mesmo número.

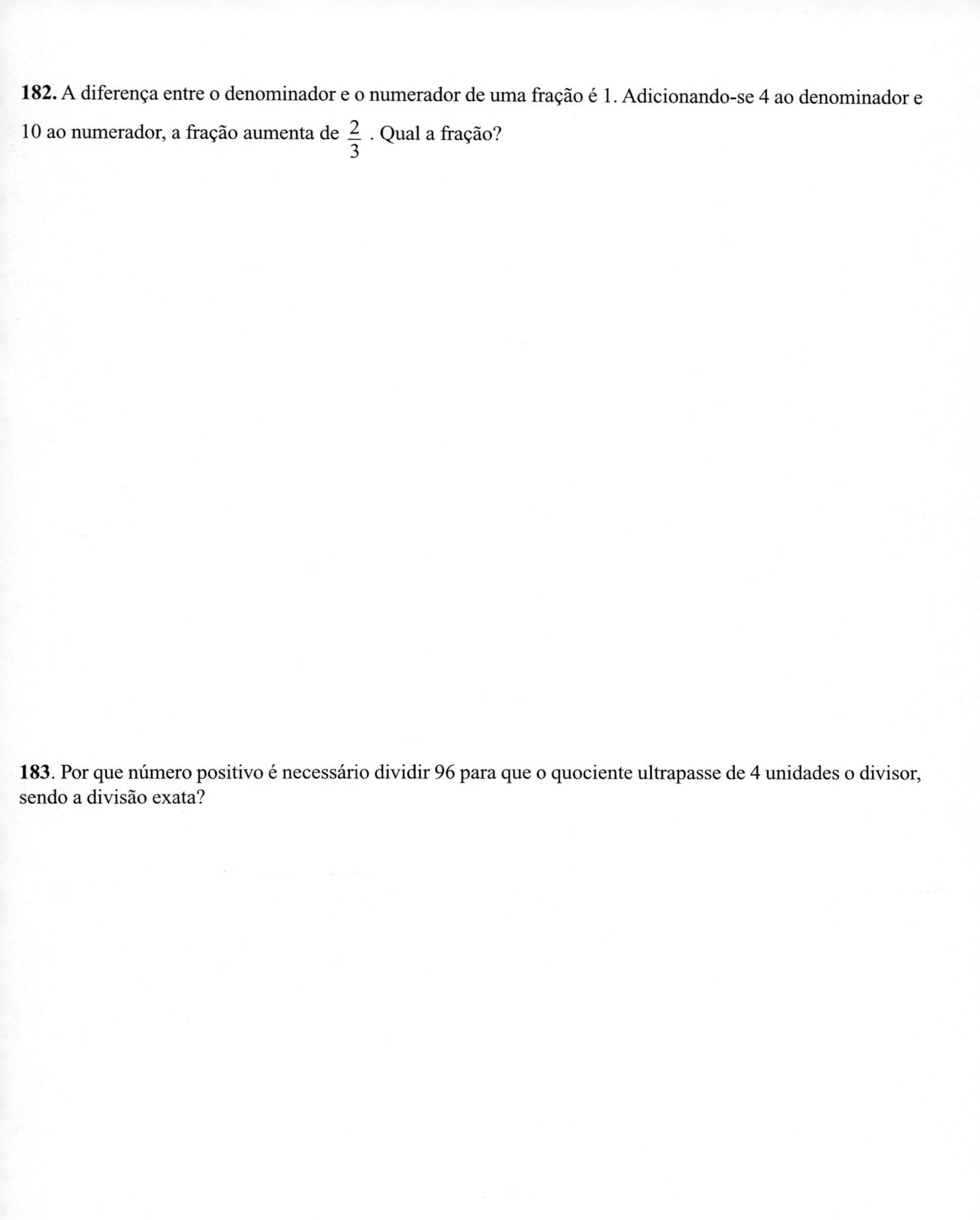

182. A diferença entre o denominador e o numerador de uma fração é 1. Adicionando-se 4 ao denominador e 10 ao numerador, a fração aumenta de $\dfrac{2}{3}$. Qual a fração?

183. Por que número positivo é necessário dividir 96 para que o quociente ultrapasse de 4 unidades o divisor, sendo a divisão exata?

184. Determinar dois números inteiros positivos consecutivos cuja soma de seus quadrados seja 313.

185. Três números estão entre si, como, 3 , 2 e 5 , e a soma de seus quadrados é igual a 342. Encontre esses números.

186. Achar três números inteiros consecutivos tais que o cubo do maior é igual a três vezes a soma dos cubos dos outros dois.

187. Dividindo-se a soma dos quadrados de dois números pelo primeiro número tem-se por quociente 10 e resto 1, e dividindo-se a mesma soma pelo segundo número tem-se por quociente 8 e resto 1. Encontre esses dois números sabendo-se que são inteiros e positivos.

188. Um número é formado por dois algarismos, adicionando-se 9 a este número, obtém-se o mesmo número com os algarismos escritos em ordem inversa, se dividirmos esse número pelo produto de seus algarismos obtemos quociente 6. Determine esse número.

189. A soma dos algarismos de um número de 2 algarismos é 16. Somando esse número com 18, obtem-se um outro número de dois algarismos, que são os mesmo do número anteiror. Determinar este número.

190. Um número de 3 algarismos termina em 3. Se ele começasse com o 3, o número obtido superaria o triplo do número original em 1. Determinar esse número.

191. Determinar um número de dois algarismos sabendo que o algarismo das unidades excede o das dezenas em duas unidades e que o produto deste número pela soma dos seus dígitos é 144.

Equações Fracionárias

Chamamos de equação fracionária toda equação algébrica com pelo menos uma incógnita no denominador.

Observe alguns exemplos de equações fracionárias.

$$\frac{7}{x} - 2 = \frac{4}{3} \qquad \frac{2x}{3x-1} = 5 \qquad \frac{x+2}{x+3} = \frac{2x}{x-3}$$

Veja que em cada uma delas pelo menos uma incógnita x está no denominador.

Para resolvermos uma equação fracionária devemos antes de mais nada encontrarmos seu **mmc**, mas não podemos também esquecer de verificar seu **domínio de validade**.

Observe alguns exemplos:

Exemplo 1: $\frac{x+2}{x+3} - \frac{2x}{x-3} = 0$ mmc $(x+3, x-3) = (x+3)(x-3)$

$$\frac{(x+2)(x-3) - 2x(x+3)}{(x+3)(x-3)} = 0$$

$\frac{x^2 - x - 6 - 2x^2 - 6x}{(x+3)(x-3)} = 0$ Como numa fração o denominador *NUNCA* pode ser igual a zero devemos fazer seu **domínio de validade** $(x+3)(x-3)$

$x + 3 \neq 0$ e $x - 3 \neq 0$ $\quad x \neq -3$ e $x \neq 3$

$DV = IR - \{-3, 3\}$

$-x^2 - 7x - 6 = 0 \qquad (-1)$
$x^2 + 7x + 6 = 0$
$(x+1)(x+6) = 0$
$x + 1 = 0 \quad$ ou $\quad x + 6 = 0$
$x = -1 \qquad\qquad x = -6 \quad$ Como as duas raízes desta equação ($x = -1$ e $x = -6$) fazem parte do domínio de validade a equação tem solução:

$S = \{-6, -1\}$

Exemplo 2: $\qquad\qquad\qquad\qquad$ mmc $(x, 2x) = 2x$

$$\frac{-4 + 10x^2 = 5x - 4}{2x}$$

Como numa fração *NUNCA* podemos ter denominador igual a 0, então:

$2x \neq 0 \implies x \neq 0$, $DV = IR - \{0\}$

$-4 + 10x^2 - 5x + 4 = 0$
$10x^2 - 5x = 0$
$5x(2x - 1) = 0$
$5x = 0 \quad$ ou $\quad 2x - 1 = 0$
$x = 0 \qquad\qquad 2x = 1$

$\qquad\qquad x = \frac{1}{2} \quad$ Como a raiz $x = 0$ não faz parte do domínio validade da equação ela (a raiz $x = 0$) não vai para o conjunto solução. A raiz $x = \frac{1}{2}$ faz parte do domínio validade e vai para o conjunto solução.

$S = \left\{\frac{1}{2}\right\}$

Domínio de Validade

Domínio de Validade de uma equação apresenta o conjunto de valores dentre os quais a raiz da equação deve estar. Caso a raiz (ou raízes) encontradas (s) não pertença (ão) ao domínio de validade ela não poderá fazer parte do conjunto solução da equação.

Exemplo: $\dfrac{x-2}{x+2} + \dfrac{1}{x} = \dfrac{8}{x(x+2)}$ mmc $(x, x+2) = x(x+2)$

$$\dfrac{x(x-2) + (x+2) = 8}{x(x+2)}$$

$$\dfrac{x^2 - 2x + x + 2 - 8 = 0}{x(x+2)}$$

DV: $x(x+2) \neq 0 \Rightarrow x \neq 0$ e $x+2 \neq 0 \Rightarrow x \neq 0$ e $x \neq -2$

$$DV = IR - \{0, -2\}$$

$x^2 - x - 6 = 0$
$(x-3)(x+2) = 0$
$x - 3 = 0$ ou $x + 2 = 0$
$x = 3$ $x = -2$

Veja que o $x = -2$ não faz parte do domínio de validade ($x \neq -2$ e $x \neq 0$) e portanto não poderá fazer parte do conjunto solução desta equação que só terá o elemento $x = 3$.

$S = \{3\}$

192. Apresentar o Domínio de validade de cada um das equações fracionárias a seguir resolvidas em IR.

a) $\dfrac{4x - 2}{3x - 2} + \dfrac{1}{6} = \dfrac{3x - 1}{2x - 1}$

b) $\dfrac{3 + x}{3 - x} - 1 = \dfrac{1 + x}{1 - x} + \dfrac{2 + x}{2 - x}$

c) $\dfrac{3x - 7}{3x - 8} = \dfrac{2x - 5}{2x - 6}$

d) $\dfrac{x - 6}{x - 3} + \dfrac{x + 5}{x + 6} = \dfrac{x + 2}{x + 3} + \dfrac{x - 5}{x - 2}$

e) $\dfrac{4x-1}{x} + \dfrac{1}{x-2} = \dfrac{3}{x^2-4}$

f) $\dfrac{2x-1}{3x+2} - \dfrac{1}{x} = \dfrac{4}{x^2-4} + \dfrac{3}{x-1}$

g) $\dfrac{2x+3}{x^2-1} + \dfrac{3}{x+1} = \dfrac{5}{x^2-4x+3}$

193. Dê o domínio de valiade em IR de cada uma das equações fracionárias a seguir:

a) $\dfrac{4}{x^2-9} = \dfrac{3}{x+2} + \dfrac{2x-5}{x^2-x-6}$

b) $\dfrac{3x-1}{x^2-x} + \dfrac{3x}{x^2-5x+4} = \dfrac{8x-2}{x+1}$

c) $\dfrac{5}{x} + \dfrac{3}{2x^2-3x} = \dfrac{7x}{2x-3}$

d) $\dfrac{-x^2+1}{x^2+9x+18} = \dfrac{4x}{x^2-5x-6}$

e) $\dfrac{3x-1}{x-4} + \dfrac{2}{x-3} = \dfrac{-5x}{x^2-6x+8}$

f) $\dfrac{5}{x} - \dfrac{3}{2x^2-4x} + \dfrac{3x-2}{x+3} = \dfrac{5}{2x}$

g) $\dfrac{3}{x-2} + \dfrac{2}{x-3} = \dfrac{x^2-3x+8}{(x-1)(x^2-5x+6)}$

h) $\dfrac{2x-3}{2x-5} - \dfrac{4x+3}{2x+7} = \dfrac{3x^2+2x-1}{x^2+3x+2}$

194. Dê o domínio de validade em IR de cada uma das equações fracionárias a seguir:

a) $\dfrac{3x-2}{4x} - \dfrac{5}{2x^2-x} + \dfrac{6x-2}{2x^2+3x-2} = 0$

b) $\dfrac{1}{8x-24} + \dfrac{1}{3x+6} = \dfrac{1}{3x-3} - \dfrac{1}{8x+40}$

c) $\dfrac{x+1}{x^2+3x} - \dfrac{x-2}{x^2-3x} = \dfrac{4x-2}{x^2-9}$

124

d) $\dfrac{2x-3}{4x} - \dfrac{3}{2x+7} = \dfrac{2x-1}{2x^2-3x-5}$

e) $\dfrac{4x-1}{x^3-4x} + \dfrac{2}{x^2-2x} + \dfrac{7}{x^2+2x} = \dfrac{3}{x^2-3x+2}$

f) $\dfrac{5}{3x(x-1)} + \dfrac{6}{4x^2-2x} + \dfrac{3}{x^2-9} + \dfrac{5}{x^2-5x+6} = 0$

g) $\dfrac{4x-1}{x^2-3x+1} - \dfrac{6}{4x-1} = \dfrac{7x-2}{x^2-5x+4}$

195. Resolva em IR cada equação fracionária a seguir. (Lembre-se de apresentar em cada uma delas seu domínio de validade).

a) $\dfrac{x^2 - 2x + 5}{2x} = \dfrac{x + 3}{4}$

b) $\dfrac{2}{x + 3} - 4 = x$

c) $\dfrac{1}{x + 6} + \dfrac{1}{x} = 2 - \dfrac{6}{x(x + 6)}$

d) $\dfrac{x - 1}{x - 2} - \dfrac{x + 2}{x - 5} = 0$

e) $\dfrac{1}{3x} + \dfrac{x}{x+1} = 1$

196. Resolva em IR cada equação fracionária a seguir. (Lembre-se de apresentar em cada uma delas seu domínio de validade).

a) $\dfrac{1}{x} + \dfrac{1}{x-1} = \dfrac{7}{12}$

b) $\dfrac{14}{x} = x - 5$

c) $1 - \dfrac{3}{x} - \dfrac{28}{x^2} = 0$

d) $3 - \dfrac{1}{m} = \dfrac{2}{m^2}$

e) $\dfrac{1}{x} + \dfrac{2}{x+2} = \dfrac{17}{35}$

197. Resolva em IR as equações fracionárias.

a) $\dfrac{2}{x+1} + \dfrac{3}{x+2} = \dfrac{7}{2}$

b) $\dfrac{3}{2x} - \dfrac{1}{2(x+2)} = 1$

c) $-\dfrac{12}{x} = x + 8$

d) $4 - \dfrac{7}{t} - \dfrac{2}{t^2} = 0$

e) $1 + \dfrac{2}{k} = \dfrac{3}{k^2}$

f) $\dfrac{2}{m} + \dfrac{3}{m+9} = \dfrac{11}{4}$

g) $\dfrac{4}{3-y} + \dfrac{2}{5-y} = \dfrac{26}{15}$

198. Resolva em IR cada equação fracionária a seguir:

a) $\dfrac{6}{12-x} + \dfrac{6}{12+x} = \dfrac{16}{15}$

b) $\dfrac{3x-4}{2x-5} = \dfrac{x+5}{x+2}$

c) $\dfrac{1}{x^2} + 1 = -\dfrac{1}{x}$

d) $\dfrac{x+5}{2x-1} = \dfrac{x-4}{x-6}$

e) $\dfrac{2}{x-1} + \dfrac{3}{4} = \dfrac{5}{x-1}$

199. Resolva em IR cada equação fracionária a seguir:

a) $\dfrac{4-x}{x} + \dfrac{3}{2} = -\dfrac{4}{x}$

b) $\dfrac{3-y}{y-2} = \dfrac{5}{y-2} + 1$

c) $\dfrac{3}{m-2} + \dfrac{1}{m-1} = \dfrac{-m^2}{m^2 - 3m + 2}$

d) $\dfrac{1}{r+5} - \dfrac{3}{r-5} = -\dfrac{-10}{r^2 - 25}$

e) $\dfrac{1}{x} = \dfrac{1}{x+1} + \dfrac{1}{2}$

200. Resolva as equações a seguir, sendo U = IR.

a) $\dfrac{1}{x-2} - \dfrac{1}{x+2} = \dfrac{1}{35}$

b) $\dfrac{4}{x^2-1} + \dfrac{3}{x+1} = \dfrac{2}{x-1} + 1$

c) $\dfrac{x-3}{x-1} + \dfrac{x-1}{x-3} = \dfrac{25}{12}$

d) $\dfrac{x+2}{x-1} + \dfrac{x-4}{2x} = \dfrac{4}{2x^2-2x}$

e) $\dfrac{x+3}{x+2} - \dfrac{x+2}{x+3} = \dfrac{x^2-75}{x^2+5x+6}$

f) $\dfrac{2 + 2x}{9x^2 - 4} - \dfrac{x - 2}{9x^2 + 12x + 4} = \dfrac{x + 4}{9x^2 - 4}$

g) $\dfrac{3}{x + 1} + \dfrac{3}{x + 2} + \dfrac{3}{x - 1} + \dfrac{3}{x - 2} = 0$

201. Resolva em IR cada equação abaixo:

a) $\dfrac{x - 2}{3x - 3} + \dfrac{x - 1}{4x - 8} = \dfrac{x + 2}{x^2 - 3x + 2}$

b) $\dfrac{x}{x^2 + 5x + 6} + \dfrac{5}{x^2 + 9x + 14} - \dfrac{12}{x^2 + 10x + 21} = 0$

c) $\dfrac{x}{x^2 - 3x + 2} + \dfrac{1}{x^2 - x - 2} + \dfrac{2}{x^2 - 1} = 0$

d) $\dfrac{x}{x^2 - 4x + 3} + \dfrac{1}{x^2 - 3x + 2} = -\dfrac{1}{x^2 - 5x + 6}$

e) $\dfrac{3 - 2x}{2x + 3} - \dfrac{2x + 3}{3 - 2x} + \dfrac{36x^2 - 12}{4x^2 - 9} = 0$

202. Resolva em IR as equações fracionárias a seguir:

a) $\dfrac{3}{x - 4} = \dfrac{2}{x - 3} + \dfrac{8}{x^2 - 7x + 12}$

b) $\dfrac{5}{x+1} + \dfrac{3}{x-1} - \dfrac{x^2 - 11x}{1 - x^2} = 0$

c) $\dfrac{1 + 2x}{1 + 3x} + \dfrac{1 - 2x}{3x - 1} = -\dfrac{3x - 14}{1 - 9x^2}$

d) $\dfrac{x(x + 0{,}5)}{x^2 + 7x + 12} = \dfrac{1}{2x + 6} - \dfrac{7}{6x + 24}$

e) $\dfrac{1}{(x - 1)^2} - \dfrac{3}{2x - 2} = -\dfrac{3}{2x + 2}$

203. Resolva as equações, sendo U = IR.

a) $\dfrac{4x + 3}{2x - 5} - \dfrac{3x + 8}{3x - 7} = 1 - \dfrac{x^2 + 34}{(2x - 5)(3x - 7)}$

b) $\dfrac{10x - 7}{15x + 3} = \dfrac{3x + 8}{12} - \dfrac{5x^2 - 1}{20x + 4}$

c) $\dfrac{1}{x - 1} + \dfrac{2}{2 - x} = \dfrac{3}{2x - 2} - \dfrac{7}{3(2x - 4)}$

d) $\dfrac{1}{x + 3} - \dfrac{2}{5x - 20} = \dfrac{3}{6x - 24} - \dfrac{2}{x + 3}$

e) $\dfrac{1}{6-2x} - \dfrac{4}{5-5x} = \dfrac{10}{12-4x} + \dfrac{3}{10x-10}$

204. Resolva cada equação abaixo, sendo U = IR.

a) $\dfrac{2}{3} - \dfrac{6x^2}{9x^2-1} = -\dfrac{2}{1-3x}$

b) $\dfrac{5x^2-27x}{5x+3} - \dfrac{1}{x} = x-6$

c) $\dfrac{4x+1}{4x-1} - \dfrac{6}{16x^2-1} = \dfrac{-1+4x}{4x+1}$

d) $3\dfrac{(x-1)}{x+1} - 2\dfrac{(x+1)}{4-x} = \dfrac{5x(x-1)}{x^2-3x-4}$

e) $\dfrac{2(x+2)}{x-2} - 3\dfrac{(x-2)}{2x+3} = \dfrac{-x(x-10)}{2x^2-x-6}$

205. Resolva cada equação a seguir, sendo U = IR.

a) $\dfrac{x-2}{x^2+8x+7} = \dfrac{2x-5}{x^2-49} - \dfrac{x-2}{x^2-6x-7}$

b) $\dfrac{(x+3)}{(x-3)} = \dfrac{x-1}{x+1} + \dfrac{x(x+7)}{x^2-2x-3}$

139

c) $\dfrac{4x+5}{15x^2+7x-2} - \dfrac{2x+3}{12x^2-7x-10} - \dfrac{2x-5}{20x^2-29x+5} = 0$

d) $\dfrac{x-4}{x+5} - \dfrac{x+1}{x-2} = \dfrac{-12(x+3)}{(x+5)^2}$

206. Resolva em IR as equações fracionárias:

a) $\dfrac{x}{x^2-x-2} + \dfrac{x}{x^2+2x-8} = \dfrac{1}{x-2}$

b) $\dfrac{7}{x^2-5x+6} + \dfrac{8}{x^2-8x+15} = \dfrac{3}{x-3}$

c) $\dfrac{3x}{x^2-9} - \dfrac{x}{2x-6} = 1$

d) $\dfrac{2}{x^2+x-2} - \dfrac{3}{x^2-3x-4} = \dfrac{1}{2x-2} - \dfrac{12}{x^2+6x+8}$

207. Resolva as equações fracionárias a seguir em IR.

a) $\dfrac{x^2+1}{x^2-1} - \dfrac{x-2}{2x+2} - \dfrac{1}{x+1} = 0$

b) $\dfrac{4x^2+4}{x^2-1} - \dfrac{2x-4}{x+1} + \dfrac{4}{1-x} = 0$

c) $\dfrac{2x}{x-1} - \dfrac{3}{3-x} = \dfrac{x+3}{x^2-4x+3}$

d) $\dfrac{x-1}{x+1} - \dfrac{x+1}{x-1} = 2 - \dfrac{3-7x}{1-x^2}$

208. Resolva em IR cada equação fracionária a seguir.

a) $\dfrac{x^2+1}{x^2+3} + \dfrac{1}{x^2-3} + \dfrac{1-x^4}{9-x^4} = 0$

b) $\dfrac{1}{x^2-1} + \dfrac{5}{x+3} - \dfrac{1}{x+1} = \dfrac{1}{x-1}$

c) $\dfrac{x+4}{x^2-3x+2} + \dfrac{3x+3}{x^2-5x+6} = \dfrac{4x+3}{x^2-4x+3}$

d) $\dfrac{x}{x+1} + \dfrac{x+1}{x-1} = \dfrac{6x-2}{x^2-1}$

209. Resolva a equação $\dfrac{(x^2-1)(x^2-4)(4x^2-12x+9)}{(x^2+2x-3)(4x^2+12x+9)} = 0$

210. Resolva a equação $\dfrac{x(x-2)}{x+2} - \dfrac{4}{x-1} = \dfrac{x^2-x+2}{x+2}$

211. Resolver, sendo U = IR.

a) $\dfrac{\dfrac{2x-3}{2}}{\dfrac{1}{3}} - \dfrac{3x - \dfrac{1}{2}}{2} = \dfrac{x}{\dfrac{1}{4}}$

b) $\dfrac{\dfrac{2x}{3} - \dfrac{1}{2}}{1 - \dfrac{1}{2}} = \dfrac{\dfrac{x-1}{2}}{1 - \dfrac{1}{3}} - \dfrac{1}{2}$

212. Resolva cada equação a seguir em IR.

a) $\dfrac{2x-1}{x^2+x-2} - \dfrac{x-2}{2x^2-3x+1} = \dfrac{4x+1}{2x^2+3x-2}$

b) $\dfrac{1}{x-1} - \dfrac{3}{x+1} - \dfrac{4}{3-x} = \dfrac{5}{x-3} - \dfrac{1}{1-x}$

213. Resolva a equação $\dfrac{x-1}{1-\dfrac{1-x}{2}} - \dfrac{x-2}{1-\dfrac{2+x}{3}} = \dfrac{2x+1}{x+\dfrac{1}{2}} + \dfrac{1}{2}$

214. Resolva a equação $\quad 1 - \dfrac{1}{1 - \dfrac{1}{x-1}} = \dfrac{1}{1 + \dfrac{1}{1+x}}$

215. Resolva a equação $\quad 3\cdot\left(\dfrac{x}{x+1} - \dfrac{x+1}{x-1}\right)^2 + 4\left(\dfrac{x}{x+1} - \dfrac{x+1}{x-1}\right) - 7 = 0$

216. Resolva a equação $\quad \dfrac{\dfrac{3}{x+4} - \dfrac{x+17}{x^2+7x+12}}{\dfrac{x-1}{x} - \dfrac{x}{x+4} - \dfrac{1}{x}} = \dfrac{4}{x+3} + x - 4$

Equações Fracionárias Literais

As equações fracionárias com uma incógnita (variável) em que existam além da variável (x), outras letras que representam **constantes**, a , b , c ...... m ,n...... chamam-se *equações fracionárias literais*.

O processo de resolução de uma equação fracionária literal é o mesmo utilizado até agora para resolver equações fracionárias algébricas, mas é necessário porém ao final de cada equação encontrar, se for o caso, uma condição de existência para a solução da equação.

Vamos, agora resolver as equações fracionárias literais na incógnita *x*, a seguir:

Exemplo1:

$$\frac{x}{x+a} + \frac{x}{x-a} = \frac{8}{3} \qquad \text{mmc} = 3(x+a)(x-a)$$

$$\frac{3x(x-a) + 3x(x+a) = 8(x+a)(x-a)}{3(x+a)(x-a)} \qquad \begin{array}{l} DV: x+a \neq 0 \text{ e } x-a \neq 0 \\ DV = \{x \in IR / x \neq a \text{ e } x \neq -a\} \end{array}$$

$$3x^2 - 3ax + 3x^2 + 3ax = 8(x^2 - a^2)$$

$$6x^2 = 8x^2 - 8a^2$$

$$-2x^2 = -8a^2 \qquad (\div -2)$$

$$x^2 = 4a^2$$

$$x =$$

$$x = \pm 2a \qquad \text{Como as raízes } (x = 2a \text{ e } x = -2a) \text{ Fazem parte do domínio de validade da equação, teremos:}$$

$$S = \{-2a, 2a\}$$

Exemplo 2:

$$\frac{3}{x+2a} - \frac{2}{x+a} = \frac{2}{x} + \frac{-4x-6a}{(x+a)(x+2a)} \qquad \text{mmc} = x(x+a)(x+2a)$$

$$\frac{3x(x+a) - 2x(x+2a) = 2(x+a)(x+2a) + x(-4x-6a)}{x(x+a)(x+2a)} \qquad \begin{array}{l} DV: x \neq 0, x+a \neq 0, x+2a \neq 0 \\ DV: \{x \in IR/ x \neq 0 \text{ e } x \neq -a \text{ e } x \neq -2a\} \end{array}$$

$$3x^2 + 3ax - 2x^2 - 4ax = 2(x^2 + 3ax + 2a^2) - 4x^2 - 6ax$$

$$x^2 - ax = 2x^2 + 6ax + 4a^2 - 4x^2 - 6ax$$

$$x^2 - ax = -2x^2 + 4a^2$$

$$x^2 - ax - 4a^2 + 2x^2 = 0$$

$$3x^2 - ax - 4a^2 = 0$$

$$\Delta = (-a)^2 - 4 \cdot 3 \cdot (-4a^2)$$

$$\Delta = a^2 + 48a^2 = 49a^2$$

$$x = \frac{-(-a) \pm \sqrt{49a^2}}{2 \cdot 3}$$

$$x = \frac{a \pm 7a}{6}$$

$$\begin{cases} x' = \dfrac{a + 7a}{6} \Rightarrow x' = \dfrac{8a}{6} \Rightarrow x' = \dfrac{4a}{3} \\ x'' = \dfrac{a - 7a}{6} \Rightarrow x'' = \dfrac{-6a}{6} \Rightarrow x'' = -a \end{cases}$$

Como o DV = $\{x \in \mathbb{R} / x \neq 0 \text{ e } x \neq -a \text{ e } x \neq -2a\}$ teremos como elemento do conjunto solução somente $x = \dfrac{4a}{3}$, pois x deve ser diferente de $-a$. Assim:

$$S = \left\{ x \in \mathbb{R}^* / x = \dfrac{4a}{3} \right\}$$

217. Resolva em IR cada equação fracionária na incógnita x:

a) $\dfrac{x}{x + 3a} + \dfrac{x}{x - 3a} = \dfrac{8}{3}$

b) $2 = \dfrac{x + 3a}{3x} + \dfrac{2ax + 6a^2}{x(x + 3a)}$

c) $x - \dfrac{c^2}{x} = \dfrac{x}{c^2} - \dfrac{1}{x}$

d) $\dfrac{27c^3x}{2b} - \dfrac{2b}{3cx} = 0$

218. Resolva as equações fracionárias na incógnita x, sendo U = IR.

a) $\dfrac{3}{x-2a} + \dfrac{2}{x-a} = \dfrac{2}{x}$

b) $\dfrac{x}{5a} - \dfrac{x}{20ab^2} = \dfrac{20ab^2 - 5a}{x}$

c) $\dfrac{a-1}{x-a} - \dfrac{2a(a-1)}{x^2-a^2} = \dfrac{-2a}{x+a}$

d) $\dfrac{3a}{x} - \dfrac{2x}{a} = 1$

e) $\dfrac{2x - b}{2} = \dfrac{2bx - b^2}{3x}$

219. Resolva as equações fracionárias na incógnita x, com U = IR.

a) $\dfrac{a + x}{a - x} + \dfrac{a - 2x}{a + x} = -4$

b) $\dfrac{2x-3a}{x+4a} - 2 = \dfrac{11a}{x^2 - 16a^2}$

c) $\dfrac{x^2}{x-1} = \dfrac{a^2}{2a-4}$

d) $x + \dfrac{2}{x} = \dfrac{1}{a} + 2a$

220. Resolva em IR as equações na incógnita x:

a) $\dfrac{1}{x+a} + \dfrac{x^2}{a^2+ax} = \dfrac{x+a}{a}$

b) $\dfrac{2x-b}{b} - \dfrac{x}{x+b} = \dfrac{2x}{4b}$

c) $\dfrac{x+mx^2}{1-mx} - \dfrac{3x+m^2x^3}{1-m^2x^2} = 0$

d) $\dfrac{1}{a} + \dfrac{1}{b} + \dfrac{1}{x} = \dfrac{1}{a+b+x}$

221. Resolva em IR as equações na incógnita x.

a) $\dfrac{a}{2x^2 - 2} + \dfrac{a+2}{2x^2 + 2} = 1$

b) $\dfrac{x+a}{3} = \dfrac{(x-b)^2}{3x-a} + \dfrac{3ab - 3b^2}{9x - 3a}$

c) $\dfrac{x-b}{x-a} - \dfrac{a}{x} = \dfrac{a^2 - ab}{x(x-a)}$

222. Resolva em IR as equações fracionárias na incógnita x:

a) $\dfrac{x-a}{x+b} - \dfrac{x+b}{x-a} + \dfrac{x(x+2b)}{(x+b)(x-a)} = 0$

b) $\dfrac{x-2b}{x-3c} + \dfrac{x-3c}{x-2b} = \dfrac{x^2 - 2(2b+3c)x + (2b+3c)^2}{(x-2b)(x-3c)}$

c) $\dfrac{2(x-c)}{4x-b} = \dfrac{2x+c}{4(x-b)}$

d) $\dfrac{x}{2m} - \dfrac{3-3mx}{m^2} - \dfrac{2x}{m} = 0$

223. Resolva, sendo U = IR, as equações na incógnita x.

a) $\dfrac{1}{n} - \dfrac{m}{x} = \dfrac{1}{mn} - \dfrac{1}{x}$

b) $\dfrac{x}{m-2} + m^2 = \dfrac{2m^5}{x(m-2)}$

c) $\dfrac{x+m}{x-n} = \dfrac{n+x}{m+x}$

d) $\dfrac{x}{4a} + \dfrac{2x}{a(x-6a)} = \dfrac{12}{x-6a}$

224. Resolva as equações fracionárias na incógnita x, sendo U = IR.

a) $\dfrac{x - 4a}{2a + b} = \dfrac{b - 2a}{x}$

b) $x + \dfrac{b^2}{4(x - b)} = \dfrac{b^2}{x - b}$

c) $\dfrac{x - 2a^2b}{ab(a + b)} + \dfrac{a^2b^2(a - b)}{abx} = 0$

d) $\dfrac{x}{2b(b-x)} + \dfrac{a}{bx} = \dfrac{4a-x}{2x(b-x)}$

e) $\dfrac{x}{a-b} + \dfrac{a+b}{x-2a} = 0$

225. Resolva no universo real as equações na incógnita x.

a) $\dfrac{m}{x} + \dfrac{n}{m} = \dfrac{n}{x} + 1$

b) $\dfrac{x-b}{a(a+b)} + \dfrac{a-3x}{(a+b)(x+b)} = \dfrac{a-b}{a(x+b)}$

226. Resolva, sendo U = IR, as equações na incógnita x.

a) $\dfrac{x+a}{a^2} = \dfrac{(2b+3c)(2b-3c)}{x-a} + \dfrac{6cx-a}{a(x-a)}$

b) $\dfrac{(a+b)(a-b)}{cx} = 2a - cx$

c) $\dfrac{x-1}{2} + \dfrac{x-2a^2}{x-1} = \dfrac{1}{2(x-1)}$

d) $\dfrac{2x-a}{(x+1)(a+3x)} + \dfrac{x}{(x+1)(2x-a)} = \dfrac{a}{(x+1)(a-2x)}$

227. Resolva em IR, as equações na incógnita x.

a) $\dfrac{bx+a}{x(2a+x)} - \dfrac{x}{(2a+x)(bx+a)} = \dfrac{(2a-x)}{x(bx+a)}$

b) $\dfrac{x + 5a}{x(x + 2a)} = \dfrac{49a^2 - x^2}{x(x + 2a)(x + 5a)} + \dfrac{9a}{(x + 2a)(x + 5a)} + \dfrac{x - 2a}{x(x + 5a)}$

c) $\dfrac{x}{(x + a)(6a - x)} = -\dfrac{x + a}{x(x - 6a)} - \dfrac{6a + x}{x(x + a)}$

d) $\dfrac{ax + 2b}{3b - x} = \dfrac{3b + x}{ax + 2b} - \dfrac{3abx - 3b^2 + x^2}{(ax + 2b)(x - 3b)}$

228. Resolva em IR a equação literal na incógnita x.

$$\frac{a+b}{x-a} + \frac{a-b}{x-b} = \frac{1}{x^2 - ax - bx + ab}$$

229. Resolva em IR a equação a seguir na incógnita x.

$$\frac{abx - a^2}{abx + b^2} = \frac{abx - 2a^2 - b^2}{abx + a^2 + b^2}$$

230. Resolva na incógnita x a equação a seguir, sendo U = IR.

$$\left(\frac{a-x}{x-b}\right)^2 = 8\left(\frac{a-x}{x-b}\right) - 15$$

231. Sendo U = IR resolva a equação fracionária literal na incógnita x.

$$\left(\frac{a^2x^2}{a+x}\right)^2 + \frac{2a^2x^2}{a+x} = -1$$

Testes de Vestibular

T1. *(CESGRANRIO)* Seja M, N e P conjuntos. Se M ∪ N = {1, 2, 3, 5} e M ∪ P = {1, 3, 4}, então M ∪ N ∪ P é:

a) ∅ b) {1, 3} c) {1, 3, 4} d) {1, 2, 3, 5} e) {1, 2, 3, 4, 5}

T2. *(VUNESP)* Suponhamos que, A ∪ B = {a, b, c, d, e, f, g, h}; A ∩ B = {d, e}; A − B = {a, b, c}. Então:

a) B = {f, g, h} b) B = {d, e, f, g, h} c) B = {a, b, c, d, e} d) B = {d, e} e) B = ∅

T3. *(UF - MG)* Sejam a e b números reais positivos. Todas as afirmativas estão corretas, exceto:

a) $a^{x+y} = a^x \cdot a^y$, $\forall\, x, y \in \mathbb{R}$
b) $(a \cdot b)^x = a^x \cdot b^x$, $\forall\, x \in \mathbb{R}$
c) $(a^x)^y = a^{xy}$, $\forall\, x, y \in \mathbb{R}$

d) $a^{x-y} = a^x : a^y$, $\forall\, x, y \in \mathbb{R}$
e) $\left(\dfrac{a}{b}\right)^x = \dfrac{a^x}{b^x}$, $\forall\, x \in \mathbb{R}$

T4. *(CESGRANRIO)* Simplificando $\dfrac{2^{10} - 3^6}{2^5 + 3^3}$, encontramos:

a) 59 b) 50 c) 25 d) 15 e) 5

T5. *(PUC-SP)* O valor da expressão: $\dfrac{10^{-3} \times 10^5}{10 \times 10^4}$ é:

a) 1000 b) 10 c) 0,1 d) 0,01 e) 0,001

T6. *(PUC-MG)* O resultado simplificado da expressão $\left[\left(\dfrac{1}{m^2} - \dfrac{1}{n^2}\right) : \left(\dfrac{1}{m} - \dfrac{1}{n}\right)\right] : \dfrac{m+n}{mn}$ é:

a) $\dfrac{1}{m^2}$ b) $\dfrac{m+n}{n}$ c) $\dfrac{m}{n}$ d) $\dfrac{m+n}{mn}$ e) 1

T7. *(VUNESP)* O valor da expressão $5^{-1} - \dfrac{1}{2}$ é:

a) 0,3 b) −0,3 c) −0,2 d) 0,2 e) 0

T8. *(FGV)* O resultado da expressão $A = \dfrac{a \cdot b^2 \cdot (a^{-1} \cdot b^2)^4 \cdot (a \cdot b^{-1})^2}{a^{-2} \cdot b \cdot (a^2 \cdot b^1) \cdot (a^{-1} \cdot b)}$ para $a = 10^{-3}$ e $b = -10^{-2}$ faz parte de qual conjunto?

a) {10^6, 10^{-6}} b) {-10^{-6}, 10^{-6}} c) {-10^9, 10^{-9}}

d) {-10^{-9}, 10^9} e) nenhuma das respostas anteriores

T9. *(MACK)* Se $A = \dfrac{3^x + 3^{-x}}{2}$ e $B = \dfrac{3^x - 3^{-x}}{2}$, então, para todo x real, $A^2 - B^2$ vale:

a) 0 b) 1 c) −1 d) −2 e) 2

T10. *(UF − PR)* Se $2^x + 2^{-x} = 3$, o valor de $8^x + 8^{-x}$ é:

a) 12 b) 18 c) 21 d) 24 e) 27

T11. *(PUC - SP)* A expressão $\dfrac{2^{3+x} - 2^{x-3}}{2^x + 2^{x+3}}$ é igual a:

a) 2^x b) 2^{-x} c) 2^{-3} d) $\dfrac{7}{8}$ e) $\dfrac{8}{7}$

T12. *(MACK)* Considere a seqüência de afirmações:

I) $745 \cdot 10^{-4} = 0{,}745$

II) $(-2)^n = -2^n$, para todo n natural

III) $(-a^2)^3 = (-a^3)^2$, para todo a real não nulo.

165

Associando V ou F a cada afirmação, nesta ordem, conforme seja verdadeira ou falsa, tem-se:

a) (F, V, V) b) (F, V, F) c) (F, F, V) d) (V, V, V) e) (F, F, F)

T13. *(PUC - SP)* A expressão $(2a + b)^2 - (a - b)^2$ é igual a:

a) $3a^2 + 2b^2$ b) $2ab(2a + b)$ c) $3a(a + 2b)$

d) $5a^2 + 2b^2 - ab$ e) $4a^2 + 4ab + b^2$

T14. *(UF - MG)* A expressão $\dfrac{a^3 - a^2b}{3a^5 - 6a^4b + 3a^3b^2}$ equivale a:

a) $\dfrac{a}{3a - b}$ b) $\dfrac{a}{3(a + b)}$ c) $\dfrac{1}{3(a - b)}$ d) $\dfrac{1}{3a(a + b)}$ e) $\dfrac{1}{3a(a - b)}$

T15. *(FMU)* A expressão $\dfrac{a + b}{a^{-1} + b^{-1}}$ equivale a:

a) $\dfrac{a + b}{ab}$ b) $\dfrac{a + b}{a - b}$ c) ab d) $\dfrac{ab}{a + b}$ e) $\dfrac{a^2 + b^2}{a + b}$

T16. *(FUVEST)* O valor de $(0,2)^3 + (0,16)^2$ é:

a) 0,0264 b) 0,0336 c) 0,1056 d) 0,2568 e) 0,6256

T17. *(MACK)* O valor da expressão $\dfrac{2^{n+4} + 2^{n+2} + 2^{n-1}}{2^{n-2} + 2^{n-1}}$ é:

a) 1 b) 2^{n+1} c) $\dfrac{3}{83}$ d) $\dfrac{82}{3}$ e) n

T18. *(FGV)* Dado $(1,1)^{20} = 6,7275$ e $(1,1)^{25} = 10,8347$, então $(1,1)^{45}$ é igual a:

a) $10,8347 - 6,7275$ b) $(10,8347)^{6,7275}$ c) $6,7275 + 10,8347$

d) $(6,7275) \cdot (10,8347)$ e) $(6,7275)^{10,8347}$

T19. *(CESGRANRIO)* Se $a^2 = 99^6$, $b^3 = 99^7$ e $c^4 = 99^8$, então $(abc)^{12}$ vale:

a) 99^{12} b) $99^{\frac{21}{2}}$ c) 99^{28} d) 99^{88} e) 99^{99}

T20. *(VUNESP)* A expressão $\dfrac{4x + 8}{x^2 + 3x + 2} + \dfrac{3x - 3}{x^2 - 1}$, para $x \neq 1$, $x \neq -2$, é equivalente a:

a) $\dfrac{4}{x + 1} - \dfrac{3}{x - 1}$ b) $\dfrac{1}{x + 1}$ c) $\dfrac{7}{x + 1}$ d) $\dfrac{4}{x + 1} + \dfrac{3}{x - 1}$ e) $\dfrac{1}{x - 1}$

T21. *(UF – RN)* $\sqrt{13 + \sqrt{7 + \sqrt{2 + \sqrt{4}}}}$ é igual a:

a) 4 b) 5 c) 6 d) 7 e) 8

T22. *(UF – MG)* Efetuando as operações indicadas na expressão $\dfrac{1}{3}(0,01 \cdot 0,12) + (0,14)^2 + \sqrt{0,04}$, obtemos:

a) 0,220 b) 0,256 c) 0,296 d) 0,560 e) 0,650

T23. *(UF – MG)* Efetuando-se $\sqrt{1,44} + (0,2)^2 + |-8 + 3 \cdot (-2)|$, obtém-se:

a) 15,6 b) 15,24 c) 12,76 d) 12,4 e) 12

T24. *(UF – GO)* O número $\sqrt{18} - \sqrt{8} - \sqrt{2}$ é igual a

a) $\sqrt{8}$ b) 4 c) 0 d) $\sqrt{10} - 2$ e) $\sqrt{18} - \sqrt{6}$

T25. *(UF – RS)* O valor de $\left(\sqrt{\sqrt[3]{2\sqrt{2}}}\right)^8$ é:

a) $2\sqrt[3]{2^2}$ b) $2^6 \cdot \sqrt[3]{2^2}$ c) 2   d) 4   e) 8

T26. *(CESGRANRIO)* Racionalizando o denominador, vemos que a razão $\dfrac{1+\sqrt{3}}{\sqrt{3}-1}$ é igual a:

a) $\sqrt{3}-1$ b) $1+2\sqrt{3}$ c) $\sqrt{3}+\sqrt{2}$ d) $2+\sqrt{3}$ e) $2+2\sqrt{3}$

T27. *(FUVEST)* O valor da expressão $\dfrac{2-\sqrt{2}}{\sqrt{2}-1}$ é:

a) $\sqrt{2}$ b) $\dfrac{1}{\sqrt{2}}$ c) 2   d) $\dfrac{1}{2}$ e) $\sqrt{2}+1$

T28. *(FUVEST)* O valor da expressão $\dfrac{\sqrt{3}+1}{\sqrt{3}-1}+\dfrac{\sqrt{3}-1}{\sqrt{3}+1}$

a) $\sqrt{3}$ b) 4   c) 3   d) 2   e) $\sqrt{2}$

T29. *(PUC – MG)* Se $x = \dfrac{2}{3+2\sqrt{2}}$ e $y = \dfrac{56}{4-\sqrt{2}}$, então $x + y$ é igual a:

a) 22   b) $22\sqrt{2}$ c) $8\sqrt{2}$ d) $22 + 8\sqrt{2}$ e) $160 + 4\sqrt{2}$

T30. *(UEL)* Seja $M = \left[\left(\dfrac{5}{3}\right)^{-2}\right]^{1,5} \cdot (0,6)^{-2}$. Efetuando-se as operações, tem-se que:

a) $M < -\dfrac{5}{3}$ b) $-1 < M < 0$ c) $0 < M < \dfrac{1}{3}$ d) $\dfrac{1}{2} < M < \dfrac{4}{5}$ e) $M > 2$

T31. *(MACK)* O valor de $\left[\sqrt[3]{\dfrac{(0,005)^2 \cdot 0,000075}{10}}\right] : \left[\dfrac{5 \cdot 10^{-4} \, 2^{-\frac{1}{3}}}{3^{-\frac{1}{3}}}\right]$ é:

a) $\sqrt[3]{2}$ b) $\sqrt[3]{3}$ c) 1   d) 2   e) 0,1

T32. *(UF – AL)* A expressão $\sqrt{10+\sqrt{10}} \cdot \sqrt{10-\sqrt{10}}$ é igual a:

a) 0   b) $\sqrt{10}$ c) $10-\sqrt{10}$ d) $3\sqrt{10}$ e) 90

T33. *(PUC)* O número $3 + \sqrt{3} + \dfrac{1}{3-\sqrt{3}} - \dfrac{1}{3+\sqrt{3}}$ é igual a:

a) $3 + \dfrac{3\sqrt{3}}{2}$ b) $3 + \dfrac{4\sqrt{3}}{3}$ c) $3 - \dfrac{4\sqrt{3}}{3}$ d) $\dfrac{3+2\sqrt{3}}{2}$ e) $\dfrac{3-2\sqrt{3}}{3}$

T34. *(FGV)* $\dfrac{3\sqrt{5}-2\sqrt{13}}{7\sqrt{5}+3\sqrt{13}}$ é igual a:

a) $\dfrac{183-23\sqrt{65}}{128}$ b) $\dfrac{5\sqrt{65}-3\sqrt{13}}{3}$ c) $-\dfrac{1}{15}$ d) $-\dfrac{7}{128}$ e) 1

T35. *(F.C. CHAGAS)* Simplificando-se a expressão $\sqrt{\dfrac{9}{2}} - \sqrt{\dfrac{2}{9}}$, obtem-se:

a) $\dfrac{3-\sqrt{2}}{2-\sqrt{3}}$ b) $\sqrt{\dfrac{77}{18}}$ c) $\dfrac{7\sqrt{2}}{3}$ d) $\dfrac{7\sqrt{2}}{6}$ e) $\dfrac{\sqrt{2}}{18}$

T36. *(FUVEST)* $\dfrac{2}{\sqrt{5}-\sqrt{3}} - \dfrac{2}{\sqrt[3]{2}}$ é igual a:

a) $\sqrt{5}+\sqrt{3}+\sqrt[3]{4}$ b) $\sqrt{5}+\sqrt{3}-\sqrt[3]{2}$ c) $\sqrt{5}-\sqrt{3}-\sqrt[3]{2}$

d) $\sqrt{5}+\sqrt{3}-\sqrt[3]{4}$ e) $\sqrt{5}-\sqrt{3}-\sqrt[3]{4}$

T37. *(UFMG)* O valor de $m = \dfrac{\sqrt{(-2)^2} \cdot (0{,}33... - 1)}{2^{-1}}$ é:

a) $-\dfrac{8}{3}$ b) $-\dfrac{4}{3}$ c) $-\dfrac{2}{3}$ d) $\dfrac{5}{2}$ e) $\dfrac{8}{3}$

T38. *(PUC)* Sabe-se que o produto de dois números irracionais pode ser um número racional. Um exemplo é:

a) $\sqrt{12} \cdot \sqrt{3} = \sqrt{36}$ b) $\sqrt{4} \cdot \sqrt{9} = 6$ c) $\sqrt{3} \cdot 1 = \sqrt{3}$

d) $\sqrt{2} \cdot 2 = \sqrt{8}$ e) $\sqrt{2} \cdot \sqrt{3} = \sqrt{6}$

T39. *(CESGRANRIO)* Efetuando e simplificando $\dfrac{1}{1+\sqrt{x}} + \dfrac{1}{1-\sqrt{x}}$, obtemos:

a) $\dfrac{1}{1-x^2}$ b) $\dfrac{2}{1-x^2}$ c) $\dfrac{1}{1-x}$ d) $\dfrac{1}{1+x}$ e) $\dfrac{2}{1-x}$

T40. *(UFPR)* Assinale a alternativa verdadeira:

a) $\sqrt[n]{a+b} = a^{\frac{1}{n}} + b^{\frac{1}{n}}$, $a > 0$, $b > 0$ b) $(ab^m)^p = ab^{mp}$, $a \neq 1$ c) $a^m + a^{-m} = 1$, $a > 0$

d) $a^n b^m = (ab)^{m+n}$, $a \neq 1$, $b \neq 1$ e) $\sqrt[n]{\sqrt[m]{a}} = \sqrt[mn]{a}$, $a > 0$

T41. *(UFMG)* O valor $m = \left(\sqrt{(-3)^2} - \dfrac{1}{0{,}444...}\right)^{-\frac{3}{2}} \cdot \dfrac{3^{\frac{1}{2}}}{\sqrt[4]{2^8}}$ é:

a) $\dfrac{-2}{21\sqrt{7}}$ b) $\dfrac{1}{42}$ c) $\dfrac{3}{5}$ d) $\dfrac{2}{3}$ e) $\dfrac{9}{8}$

T42. *(FUVEST)* A equação $\dfrac{x}{1-x} + \dfrac{x-2}{x} - 1 = 0$ tem duas raízes. A soma e o produto dessas raízes são iguais a:

a) -2 b) 0 c) 3 d) -4 e) 1

T43. *(FUVEST)* A equação $\dfrac{2}{x^2-1} + \dfrac{1}{x+1} = -1$:

a) tem apenas uma raiz real.   b) tem apenas duas raízes reais cuja soma é 1.   c) não tem nenhuma raízes real.
d) tem três raízes reais cuja soma é 1.   e) admite 4 com raiz.

T44. *(UF-SE)* A equação $\dfrac{x-3}{2} + \dfrac{1}{x} = -3$, em IR, é verdadeira se, e somente se, x^2 for igual a:

a) 0   b) 1   c) 2   d) 4   e) 1 ou 4

T45. *(FGV)* A equação $x + \dfrac{5}{x-5} = 5 + \dfrac{5}{x-5}$ tem:

a) uma única raiz.
b) exatamente duas raízes.
c) infinitas raízes.
d) conjunto solução vazio.
e) raízes imaginárias.

T46. *(MACK)* A soma e o produto das raízes da equação $\dfrac{x}{-x+1} - \dfrac{3}{x} = 0$, com $x \neq 0$ e $x \neq 1$, respectivamente:

a) 2 e 3
b) -2 e -3
c) 3 e 3
d) -3 e 3
e) 3 e 2

T47. *(MACK)* Um valor de k para o qual uma das raízes da equação $x^2 - 3kx + 5k = 0$ é o dobro da outra é:

a) $\dfrac{5}{2}$
b) 2
c) -5
d) -2
e) $-\dfrac{5}{2}$

T48. *(FGV)* Se a soma das raízes da equação $kx^2 + 3x - 4 = 0$ é 10, podemos afirmar que o produto das raízes é:

a) $\dfrac{40}{3}$
b) $-\dfrac{40}{3}$
c) $\dfrac{80}{3}$
d) $-\dfrac{80}{3}$
e) $-\dfrac{3}{10}$

T49. *(UNESP)* Um valor de m para o qual uma das raízes da equação $x^2 - 3mx + 5m = 0$ é o dobro da outra é:

a) $-\dfrac{5}{2}$
b) 2
c) -2
d) -5
e) $\dfrac{5}{2}$

T50. *(PUC)* Os valores de a, para que as raízes da equação $8x^2 - (a-1)x + a - 7 = 0$, sejam iguais, são:

a) 2 e 16
b) 4 e 18
c) 6 e 20
d) 8 e 24
e) 9 e 25

T51. *(PUC)* Se as raízes da equação $x^2 - 9x - 12 = 0$ são, cada uma, 7 unidades maiores do que as raízes de $x^2 + bx + 12 = 0$, então:

a) $b = -5$
b) $b = 5$
c) $b = -7$
d) $b = 7$
e) faltam dados para determinar b.

T52. *(CESGRANRIO)* Os valores do parâmetro p, para os quais a equação $x^2 + x + (p^2 - 7p) = 0$ tem uma raiz nula, são:

a) 2 e 5
b) -5 e -2
c) 3 e 4
d) 0 e 7
e) -7 e 3

T53. *(CESGRANRIO)* As raízes da equação $x^2 + 5x + 3 = 0$ são a e b. Uma equação de raízes a^2 e b^2 é:

a) $x^2 - 19x + 9 = 0$
b) $x^2 + 9x - 19 = 0$
c) $x^2 + 25x + 9 = 0$
d) $x^2 - a^2x + b^2 = 0$
e) $x^2 + b^2x - a^2 = 0$

T54. *(UF - GO)* O valor de k para que a soma das raízes da equação $(k-2)x^2 - 3kx + 1 = 0$ seja igual ao seu produto é:

a) $\dfrac{1}{2}$
b) $\dfrac{1}{3}$
c) $\dfrac{2}{3}$
d) $-\dfrac{3}{2}$
e) $-\dfrac{1}{3}$

T55. *(FUVEST)* Sejam x_1 e x_2 as raízes da equação $10x^2 + 33x - 7 = 0$. O número inteiro mais próximo do número $5x_1x_2 + 2(x_1 + x_2)$ é:

a) -33
b) -10
c) -7
d) 10
e) 33

T56. *(UEG)* Calcule a raiz de maior valor absoluto na equação $2x^2 + 3x - 2 = 0$.

a) $\dfrac{1}{2}$
b) 2
c) -2
d) $-\dfrac{1}{2}$
e) n.d.a.

T57. *(UEG)* Ache a menor das raízes da equação $\dfrac{1}{x-2} - \dfrac{x-2}{9} = 0$.

a) 5
b) 1
c) -5
d) -1
e) n.d.a.

T58. *(UEG)* Determine m na equação $x^2 - 9x + 2m = 0$, de modo que uma das raízes seja 3.

a) 6
b) 9
c) -3
d) 3
e) n.d.a.

T59. *(UEG)* Calcule o valor de m para que a equação $5x^2 - 3x + m = 0$ tenha raízes reais e iguais.

a) $\dfrac{20}{9}$
b) $\dfrac{3}{4}$
c) $\dfrac{5}{12}$
d) $\dfrac{9}{20}$
e) n.d.a.

169

T60. *(FGV)* Se x é o maior número inteiro de 4 algarismos que é divisível por 13 e y o menor número inteiro positivo de 4 algarismos que é divisível por 17. A diferença x − y é um número:

a) primo

b) múltiplo de 6

c) menor que 5000

d) quadrado perfeito

e) divisível por 5

Questões de Vestibular

Q1. *(FAAP)* Simplificar $\dfrac{x^2-1}{x^2-2x} \cdot \dfrac{3x-6}{4x+4}$

Q2. *(MAPOFEI)* Supondo x e y números reais com $x - y \neq 0$ e $x + y \neq 0$, simplificar a expressão algébrica $\dfrac{x^3-y^3}{x-y} - \dfrac{x^3+y^3}{x+y}$

Q3. *(FAAP)* Simplificar $\dfrac{2+\sqrt{3}}{1-\sqrt{5}} + \dfrac{2-\sqrt{3}}{1+\sqrt{5}}$

Q4. *(FAAP)* Escrever a representação decimal do número real L dado pela expressão $L = \sqrt{\dfrac{(0{,}00004).(25000)}{(0{,}02)^5.(0{,}125)}}$

Q5. *(FUVEST)* a) Qual a metade de 2^{22}?

b) Calcule $8^{\frac{2}{3}} + 9^{0{,}5}$.

Q6. *(MAPOFEI)* Calcular o valor numérico da expressão:

$-\sqrt[3]{-8} + 16^{-\frac{1}{4}} - \left(-\dfrac{1}{4}\right)^{-2} + 8^{-\frac{4}{3}}$

Q7. *(ESPM)* Resolver a equação $\dfrac{7}{x-1} = \dfrac{6x+1}{x+1} - \dfrac{3(1+2x^2)}{x^2-1}$

Q8. *(PUC – RJ)* Determine o conjunto de números reais que satisfazem a equação

$\dfrac{2x^2}{x-1} - \dfrac{2x+7}{3} + \dfrac{4-6x}{x-1} + 1 = 0$

Q9. *(UNICAMP)* Uma folha retangular de cartolina mede 35 cm de largura por 75 cm de comprimento. Dos quatro cantos da folha são cortados quatro quadrados iguais, sendo que o lado de cada um desses quadrados mede x cm de comprimento.

a) Calcule a área do retângulo inicial.

b) Calcule x de modo que a área da figura obtida, após o corte dos quatro cantos, seja igual a 1725 cm².

Q10. *(UNICAMP)* a) Quais são o quociente e o resto da divisão de 3785 por 17?

b) Qual o menor número natural, maior que 3785, que é múltiplo de 17?

Q11. *(UNICAMP)* Após ter corrido $\dfrac{2}{7}$ de um percurso e, em seguida, caminhando $\dfrac{5}{11}$ do mesmo percurso, um atleta verificou que ainda faltavam 600 metros para o final do percurso.

a) Qual o comprimento total do percurso?

b) Quantos metros o atleta havia corrido?

c) Quantos metros o atleta havia caminhado?

Q12. *(UNICAMP)* Um copo cheio de água pesa 385 g; com $\dfrac{2}{3}$ da água pesa 310 g. Pergunta-se:

a) Qual é o peso do copo vazio?

b) Qual é o peso do copo com $\dfrac{3}{5}$ da água?

Q13. *(UNICAMP)* Em um restaurante, todas as pessoas de um grupo pediram um mesmo prato principal e uma mesma sobremesa. Com o prato principal o grupo gastou R$ 56,00 e com a sobremesa R$ 35,00 ; cada sobremesa custou R$ 3,00 a menos que o prato principal.

a) Encontre o número de pessoas neste grupo.

b) Qual o preço do prato principal?

Q14. *(UNICAMP)* Uma senhora comprou uma caixa de bombons para seus dois filhos. Um deles tirou para si metade dos bombons da caixa. Mais tarde, o outro menino também tirou para si metade dos bombons que encontrou na caixa. Restaram 10 bombons.

Calcule quantos bombons havia inicialmente na caixa.

Q15. *(UNICAMP)* Uma torneira enche um tanque em 12 minutos, enquanto uma segunda torneira gasta 18 minutos para encher o mesmo tanque. Com o tanque incialmente vazio, abre-se a primeira torneira durante x minutos ; ao fim desse tempo fecha-se essa torneira e abre-se a segunda, a qual termina de encher o tanque em x + 3 minutos. Calcule o tempo gasto para encher o tanque.

Q16. *(VUNESP)* Uma torneira goteja 7 vezes a cada 20 segundos. Admitindo que as gotas tenham sempre volume igual a 0,2 ml , determine o volume de água que vaza por hora.

Q17. *(VUNESP)* Corta-se um pedaço de arame de 12 cm em duas partes e constrói-se, com cada uma delas, um quadrado. Se a soma das áreas é 5 cm², determine a que distância de uma das extremidades do arame foi feito o corte.

Q18. *(FAAP)* Determinar os valores reais de m para os quais a equação $\dfrac{3}{x+2m} + \dfrac{2}{x+m} = 0$ admite a raiz x = 5.

Gabarito

Produtos Notáveis e Fatoração

1. a) $x^2 + 6x + 9$ b) $x^2 - 4x + 4$ c) $x^2 - 49$ d) $4x^2 + 12x + 9$ e) $x^4 - 1$ f) $9x^2 - 24x + 16$
g) $25x^2 - 20x + 4$ h) $9x^4 - 25y^2$ i) $x^4 - 8x^2 + 16$ j) $9x^4 - 6x^2y + y^2$

2. a) $a^4b^2 - 4b^2$ b) $x^4 - 6x^2y + 9y^2$ c) $9x^4 - 6x^3y + x^2y^2$ d) $4a^4b^2 - 12a^3b^3 + 9a^2b^4$
e) $16x^4y^2 - 9x^2$ f) $x^2 + x - 12$ g) $y^2 - 9y + 14$ h) $x^4 + 3x^2 - 10$ i) $9a^2 + 15a - 14$ j) $x^4 - x^2 - 20$

3. a) $x^2 + x + \dfrac{1}{4}$ b) $x^2 + \dfrac{2x}{3} + \dfrac{1}{9}$ c) $\dfrac{x^2}{4} - xy + y^2$ d) $\dfrac{x^2}{9} + \dfrac{2xy}{3} + y^2$ e) $4x^2 + \dfrac{8x}{3} + \dfrac{4}{9}$ f) $a^2 - \dfrac{3a}{2} + \dfrac{9}{16}$
g) $\dfrac{a^2}{4} - \dfrac{ab}{3} + \dfrac{b^2}{9}$ h) $\dfrac{4y^2}{9} - 2xy + \dfrac{9x^2}{4}$ i) $9x^4 + \dfrac{2x^2}{y^2} + \dfrac{1}{9y^4}$ j) $\dfrac{9x^6}{16} - \dfrac{3x^5}{4} + \dfrac{x^4}{4}$

4. a) $x^3 + 8$ b) $x^3 - 125$ c) $y^2 + x^2 + 9 + 2xy + 6y + 6x$ d) $x^3 - 12x^2 + 48x - 64$
e) $x^3 + 6x^2 + 12x + 8$ f) $x^3y^3 - 6x^3y^2 + 12x^3y - 8x^3$ g) $\dfrac{a^6}{27} - \dfrac{a^4b^3}{15} + \dfrac{a^2b^6}{25} - \dfrac{b^9}{125}$
h) $\dfrac{8x^3}{27} + 4x^4 + 6x^5 + 27x^6$ i) $\dfrac{8a^3}{b^3} + 27b^3$ j) $a^4b^2 - 4b^2$

5. a) $4x^2 + 2xy + \dfrac{y^2}{4}$
b) $a^4 - \dfrac{2}{a^2} + \dfrac{1}{a^8}$ c) $4a^2 - 12b^2 + \dfrac{9b^4}{a^2}$ d) $\dfrac{25b^4x^2}{y^2} + \dfrac{30b^2}{x^2} + \dfrac{9y^2}{x^6}$
e) $\dfrac{9a^2}{4} - b^6$ f) $x^2 - \dfrac{3x}{5} + \dfrac{2}{25}$ g) $27x^6 + \dfrac{1}{27}$ h) $8a^6 - \dfrac{27b^3}{125}$ i) $x^4 - 16y^6$ j) $8a^9 - 6a^7b + \dfrac{3}{2}a^5b^2 - \dfrac{1}{8}a^3b^3$

6. a) $-23x^2 - 30x - 12$ b) $97y^2 - 55y - 13$ c) $19x^2 + 22x + \dfrac{28}{3}$ d) $\dfrac{50x^3}{3} + x^2 + \dfrac{2x}{9} + \dfrac{91}{81}$

7. a) $4y^2 + 12y + 9$ b) $9y^4 + 12y^2 + 4$ c) $49 - 14b + b^2$ d) $y^2 - 26y + 169$ e) $x^2y^2 - 7xy^2 + \dfrac{49y^2}{4}$
f) $\dfrac{1}{9} - \dfrac{4y^2}{3} + 4y^4$ g) $z^2 - m^2$ h) $4x^2 - a^2$ i) $\dfrac{9a^2}{b^4} - \dfrac{b^2}{a^6}$ j) $m^6 - 49$

8. a) $x^2 + 2x - 3$ b) $x^2 + 2x - 8$ c) $x^2 + \dfrac{5x}{2} + 1$ d) $x^2 + x - \dfrac{10}{9}$ e) $x^2 + \dfrac{12}{5}x - \dfrac{9}{5}$ f) $x^2 + \dfrac{13x}{3} + \dfrac{4}{3}$
g) $x^2 + \dfrac{4}{15}x - \dfrac{1}{5}$ h) $4x^2 + 4x - 3$ i) $16x^2 - 4x - 2$ j) $9x^4 + 9x^2 + 2$

9. a) $x^3 + 33x^2 + 363x + 1331$ b) $x^3 - 6x^2y + 12xy^2 - 8x^3$ c) $x^6 + 3x^4y^2 + 3x^2y^4 + y^6$
d) $27x^6 + 54x^4y + 36x^2y^2 + 8y^3$ e) $x^6 - 3x^5 + 3x^4 - x^3$

10. a) $x^3 + 1$ b) $x^3 + 8$ c) $8x^3 + 216$ d) $27m^3 + 64$ e) $x^3 + \dfrac{1}{8}$ f) $x^3 - a^3$
g) $m^3 - 1$ h) $x^6 - 8$ i) $\dfrac{27}{y^6} - 8x^3$ j) $a^6 - b^9$ **11.** a) $-9x^4 - 2x^2 + \dfrac{17x}{3} - \dfrac{37}{9}$
b) $-3y^2 - 4y + 23$ c) $3x^4 - 26x^2 + \dfrac{11}{3}$ d) $x^2 - 27x - \dfrac{1}{2}$
e) $-8x^3 - \dfrac{28x^2}{3} - 10x - 2$ f) $-\dfrac{4x^2}{3} + \dfrac{2x}{9} + \dfrac{17}{3}$ g) $-19x^3 - 33x^2 - 38x - 111$
h) $4x^3 + 41x^2 + 43x + 52$ i) $72x^3 + 7x^2 + \dfrac{17}{30}$ j) $-\dfrac{x^3}{6} + \dfrac{x}{2} + \dfrac{11}{12}$

173

12. a) $(x + 5)(x - 5)$ b) $(x + 4y)(x - 4y)$ c) $(2a^3 + 3)(2a^3 - 3)$
d) $(2x + 1)^2$ e) $(y + 3)^2$ f) $(x - 5y)^2$ g) $(a + 1)^2(a - 1)^2$ h) $(x - 4)^2$
i) $(x - 7)^2$ j) $(x + 10)(x - 10)$ **13.** a) $(x - 2)(x - 5)$ b) $(x + 8)(x - 7)$ c) $(x + 4)(x + 6)$
d) $(x - 4)(x + 3)$ e) $(x - 5)(x - 4)$ f) $(y - 14)^2$ g) $(x + 15)^2$ h) $\left(a - \dfrac{1}{6}\right)^2$

i) $(x - 5)^2$ j) $(x + 3)^2(x - 3)^2$ **14.** a) $\left(3a - \dfrac{b}{4}\right)^2$ b) $\left(\dfrac{5}{2} - \dfrac{x}{y^4}\right)^2$ c) $(4x + y^2)(4x - y^2)$

d) $x^2(x + 7)(x - 7)$ e) $\left(\dfrac{9a^2}{5} + \dfrac{3b^3}{4}\right)\left(\dfrac{9a^2}{5} - \dfrac{3b^3}{4}\right)$ f) $(a + b^2)(a - b^2)$

g) $(1 + 25xy)(1 - 25xy)$ h) $\left(\dfrac{5a^2}{6} + \dfrac{4b^3}{7}\right)\left(\dfrac{5a^2}{6} - \dfrac{4b^3}{7}\right)$ i) $(x - 1)(x - 7)$

j) $\left(a - \dfrac{b}{2}\right)\left(a^2 + \dfrac{ab}{2} + \dfrac{b^2}{9}\right)$ **15.** a) $(x^2 - y^3)$ b) $8(x^2 - 10)$ c) $10xy(2xy - 1)$ d) $5a(5a - 1)$

e) $8x^4(3x^2 - 2)$ f) $\dfrac{1}{2}\left(x^2 + \dfrac{1}{2}y^2\right)$ g) $\dfrac{2}{5}ab\left(a + \dfrac{4}{3}b\right)$ h) $a(3a^6 - 5a^4 - 4a^2 + 2a - 1)$

i) $9xy^2(3x + xy - 2y^2)$ j) $17a^3b^2c(1 - 3abm + 5a^2)$
16. a) $(a - b)(4 + x)$ b) $(a^2 - 2)(a^3 + 3)$ c) $(a - b)(2 + c)$ d) $(3a - 2b)(x + 3y)$ e) $(a + 1)(a^2 - 5)$ f) $xy(3x + y)(3x - 4)$
g) $2(2y - 3x)(2 - x^2y)$ h) $4(3x - 2)(x + 1)(x - 1)$ i) $x^3(x + 1)^3$ j) $(5x - 8y)(3x + 4)$
17. a) $2x(2x + 3)^3$ b) $27x^3(x + 1)^3(x - 1)^3$ c) $(x + 2)(x - 2)(2x + 1)(4x^2 - 2x + 1)$ d) $(a - b)(a + 1)$
e) $(a + 1)^2(a - 1)$ f) $(x - 1)(x^2 + 1)$ g) $(25a^2 + 9b^2)(5a + 3b)(5a - 3b)$ h) $(a + 0{,}3)(a - 0{,}3)$

i) $\left(\dfrac{x}{6} + \dfrac{y^2}{11}\right)\left(\dfrac{x^2}{6} - \dfrac{y^2}{11}\right)$ j) $(a + b)(a + 5b - 1)$ **18.** a) $7(a + b)$ b) $5x^2y^2(3x - 1)$

c) $\dfrac{1}{2}\left(x - \dfrac{1}{3}y\right)$ d) $(a - b)(4 + x)$ e) $(a - b)(2 + c)$ f) $(a + 1)(a^2 - 5)$ g) $y(4y - 3)(2x - 5)$

h) $(3x + 5)(3x - 5)$ i) $(7y + 4)(7y - 4)$ j) $(7m + 2a)(7m - 2a)$
19. a) $(x + y^3)(x - y^3)$ b) $(a^2 + 1)(a + 1)(a - 1)$ c) $7x^3(3x + 4)(3x - 4)$
d) $(a - 6b)^2$ e) $(y + 4)^2$ f) $(3x - y + 5)(3x - y - 5)$ g) $(xy + 4)(xy - 4)$
h) $(x^3 + y)^2$ i) $(x + 7)(x - 5)$ j) $(x - 27)(x + 3)$ **20.** a) $(x - 6)(x + 5)$ b) $x(x - 2)(x^2 + 2x + 4)$

c) $\left(x - \dfrac{1}{y}\right)\left(x^2 + \dfrac{x}{y} + \dfrac{1}{y^2}\right)$ d) $\left(\dfrac{1}{2} - 4x^2\right)\left(\dfrac{1}{4} + 2x^2 + 16x^4\right)$ e) $(ab^2 - 1)(a^2b^4 + ab^2 + 1)$

f) $(a + 1)^2(a - 1)$ g) $(a + b)^3$ h) $(b - a)^3$ i) $(3x - 2)^3$ j) $(2x + 1)^3(2x - 1)^3$

21. a) 9 b) −9 c) −8 d) −8 e) 9 f) $\dfrac{1}{16}$ g) $\dfrac{8}{27}$

h) −1 i) 1 j) 1 k) 25 l) $\dfrac{4}{9}$ **22.** a) 0 b) 1

c) −1 d) $\dfrac{1}{8}$ e) $\dfrac{1}{121}$ f) $\dfrac{-1}{121}$ g) 64 h) $\dfrac{1}{25}$ i) 81

j) $\dfrac{1}{81}$ k) 36 l) $\dfrac{125}{64}$ **23.** a) −32 b) 343 c) 0,0009 d) −1

174

e) 121 f) – 121 g) $\frac{1}{25}$ h) $-\frac{1}{6}$ i) – 64 j) 81 k) $\frac{7}{10}$

l) $-\frac{1}{8}$ **24.** a) 0 b) – 1 c) – 250 d) $-\frac{25}{36}$ e) 100 000 f) 27

g) $\frac{8}{25}$ h) – 1 i) 36 j) 64 k) $\frac{16}{5}$ l) $\frac{1}{75}$

25. a) 7^6 b) $3^0 = 1$ c) $2^7\, 3^7\, 5^7$ d) 5^3 e) $\frac{3}{4}$ f) $(0,2)^{12}$ g) 3^{-30}

h) $\frac{1}{m}$ i) $2^{12} \cdot 5^{12}$ j) $3^{-12} \cdot 2^{-24}$

26. a) 6^{-5} b) 1 c) $\left(\frac{3}{5}\right)^6$ d) $5^6 \cdot 2^{12}$ e) $2^{12} \cdot 5^{-36}$ f) $2^5 \cdot 5^{-10} \cdot 3^{-5}$ g) $3^4 \cdot 5^{-4} \cdot 2^{-4}$ h) $2^8 \cdot 5$ i) $2^{-11} \cdot 3^{14}$ j) 5^{-31}

27. a) 2^{12} b) $(-5)^{13}$ c) 1 d) $7^{-12} \cdot 5^{-4} \cdot 2^{-24}$ e) $(0,4)^{15}$ f) 5^{16} g) $5^{-5} \cdot 3^{20} \cdot 2^5$ h) $\left(\frac{2}{3}\right)^{16}$ i) 1 j) $\frac{1}{6}$ k) 10^{12x-7} l) m^{-36} m) y^{-6a} n) a^{5m-1}

28. $4x^6$ b) $-125x^{18}y^6$ c) $\frac{-1}{32a^5b^{10}}$ d) $\frac{m^4n^2}{25}$ e) $-3x^{-3}y^2$ f) $\frac{25}{16}m^4n^8$ g) $x^4 \cdot y^6 \cdot z^{10}$ h) $256a^8b^{12}c^4$ i) $\frac{1}{100a^6b^4}$ j) $\frac{9b^{10}c^8}{49}$

29. a) = b) = c) ≠ d) = e) ≠ f) ≠ g) ≠

h) ≠ i) = j) ≠ **30.** a) $-\frac{1}{3}$ b) 1 c) $-\frac{8}{3}$ d) – 5

e) $-\frac{5}{4}$ f) $\frac{157}{4}$ **31.** 13 **32.** a) 2^{-20} b) 2^{-9} **33.** a) 2^{10} b) $-\frac{1}{2}$

34. a) 1 b) 10^{-9} **35.** a) $2^{-48} \cdot 3^{-15} \cdot 5^{-33}$ b) $2^{-65} \cdot 3^{-30} \cdot 5^{-2}$

36. $x = 2^{42}$, $y = 2^{28}$, $\frac{x}{y} = 2^{14}$ **37.** a) 3^{-9} b) -5^4 **38.** A = 9, B = 1, A – B = 8

39. -10^{72} **40.** -2^6 **41.** $\frac{17}{24}$ **42.** $\frac{82}{3}$ **43.** – 1

Radiciação

44. a) 3 b) 4 c) ∄ em IR d) 2 e) – 3 f) 2 g) – 2

h) ∄ em IR i) 0 j) 5 k) 7 l) ∄ em IR m) 5 n) 3

45. a) 5 b) 10 c) 0 d) 8 e) 4 f) 4 g) $\frac{1}{2}$

h) $\frac{6}{5}$ i) 0,333... j) 0 **46.** a) $2 + \sqrt{3}$ b) $2 - \sqrt{3}$ c) $2 - \sqrt{3}$ d) $5 + \sqrt{2}$

e) $4 - \sqrt{10}$ f) $8 - \sqrt{50}$ g) $\sqrt{10} - 2$ h) $4 - \sqrt{5}$ i) $\sqrt{10} - 3$ j) $\sqrt{7} - 2$

47. a) $\frac{1}{6}$ b) $\sqrt{2} - 1$ c) $\sqrt{2} - 1$ d) 1 e) 1 f) $\sqrt{5} - 2$

48. a) 5 b) 6 c) ∄ em IR d) 4 e) – 2 f) – 6 g) 11

h) 3 i) ∄ em IR j) 2 **49.** a) – 2 b) – 7 c) 5 d) ∄ em IR e) – 3

f) 6 g) – 6 h) – 6 i) 5 j) ∄ em IR

50. a) $2 - \sqrt{3}$ b) $3 - \sqrt{10}$ c) $\sqrt{5} - 2$ d) $\sqrt{11} - 3$ e) $\sqrt{8} - 3$ f) $3 - \sqrt{8}$ g) $10 - \sqrt{8}$

175

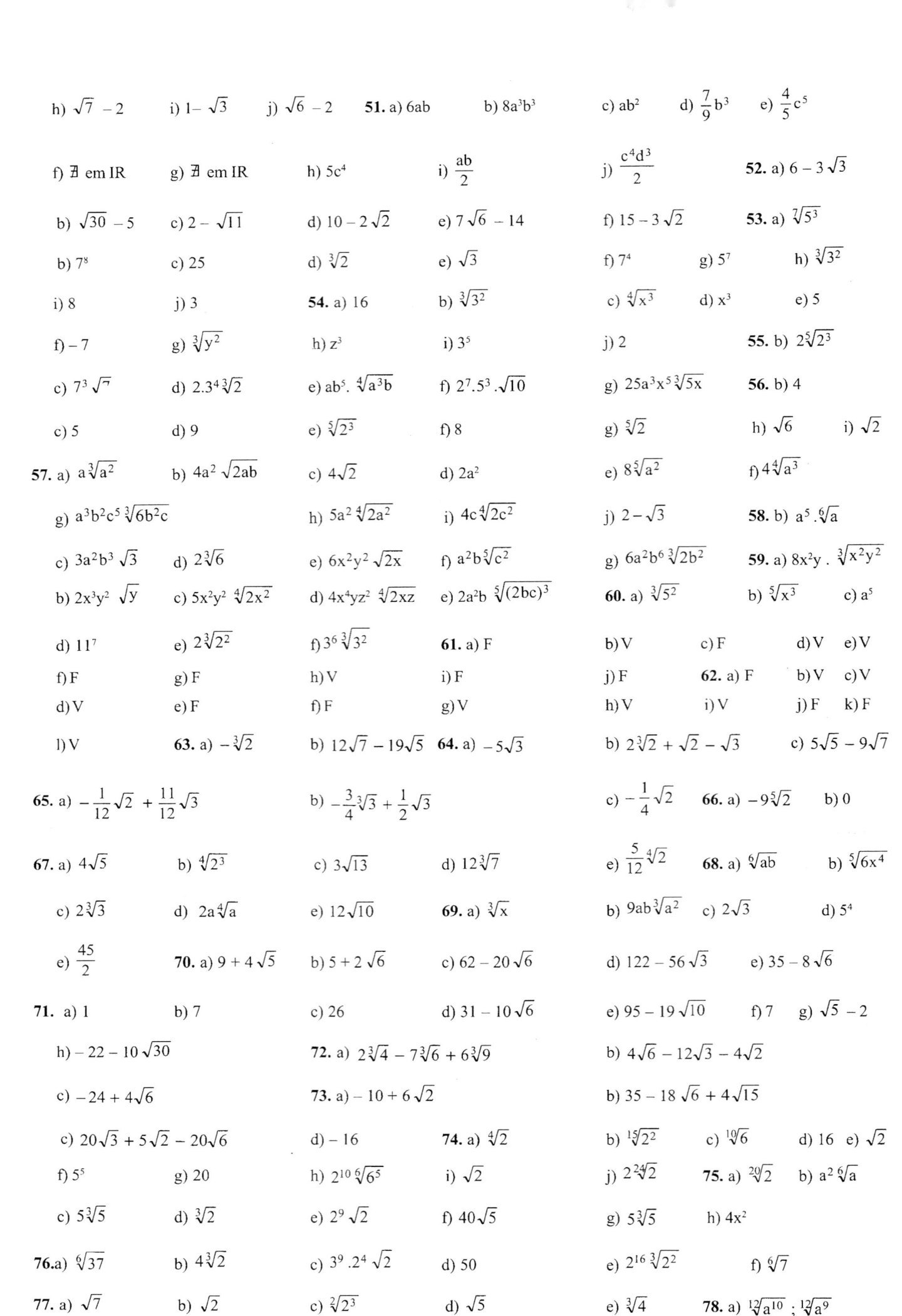

h) $\sqrt{7}-2$ i) $1-\sqrt{3}$ j) $\sqrt{6}-2$ **51.** a) $6ab$ b) $8a^3b^3$ c) ab^2 d) $\frac{7}{9}b^3$ e) $\frac{4}{5}c^5$

f) $\nexists$ em IR   g) $\nexists$ em IR   h) $5c^4$ i) $\frac{ab}{2}$ j) $\frac{c^4d^3}{2}$ **52.** a) $6-3\sqrt{3}$

b) $\sqrt{30}-5$ c) $2-\sqrt{11}$ d) $10-2\sqrt{2}$ e) $7\sqrt{6}-14$ f) $15-3\sqrt{2}$ **53.** a) $\sqrt[7]{5^3}$

b) 7^8 c) 25 d) $\sqrt[3]{2}$ e) $\sqrt{3}$ f) 7^4 g) 5^7 h) $\sqrt[3]{3^2}$

i) 8 j) 3 **54.** a) 16 b) $\sqrt[3]{3^2}$ c) $\sqrt[4]{x^3}$ d) x^3 e) 5

f) -7 g) $\sqrt[3]{y^2}$ h) z^3 i) 3^5 j) 2 **55.** b) $2\sqrt[5]{2^3}$

c) $7^3\sqrt{7}$ d) $2.3^4\sqrt[3]{2}$ e) $ab^5.\sqrt[4]{a^3b}$ f) $2^7.5^3.\sqrt{10}$ g) $25a^3x^5\sqrt[3]{5x}$ **56.** b) 4

c) 5 d) 9 e) $\sqrt[5]{2^3}$ f) 8 g) $\sqrt[5]{2}$ h) $\sqrt{6}$ i) $\sqrt{2}$

57. a) $a\sqrt[3]{a^2}$ b) $4a^2\sqrt{2ab}$ c) $4\sqrt{2}$ d) $2a^2$ e) $8\sqrt[5]{a^2}$ f) $4\sqrt[4]{a^3}$

g) $a^3b^2c^5\sqrt[3]{6b^2c}$ h) $5a^2\sqrt[4]{2a^2}$ i) $4c\sqrt[4]{2c^2}$ j) $2-\sqrt{3}$ **58.** b) $a^5.\sqrt[6]{a}$

c) $3a^2b^3\sqrt{3}$ d) $2\sqrt[3]{6}$ e) $6x^2y^2\sqrt{2x}$ f) $a^2b\sqrt[5]{c^2}$ g) $6a^2b^6\sqrt[3]{2b^2}$ **59.** a) $8x^2y.\sqrt[3]{x^2y^2}$

b) $2x^3y^2\sqrt{y}$ c) $5x^2y^2\sqrt[4]{2x^2}$ d) $4x^4yz^2\sqrt[4]{2xz}$ e) $2a^2b\sqrt[5]{(2bc)^3}$ **60.** a) $\sqrt[3]{5^2}$ b) $\sqrt[5]{x^3}$ c) a^5

d) 11^7 e) $2\sqrt[3]{2^2}$ f) $3^6\sqrt[3]{3^2}$ **61.** a) F   b) V   c) F   d) V   e) V

f) F   g) F   h) V   i) F   j) F   **62.** a) F   b) V   c) V

d) V   e) F   f) F   g) V   h) V   i) V   j) F   k) F

l) V   **63.** a) $-\sqrt[3]{2}$ b) $12\sqrt{7}-19\sqrt{5}$ **64.** a) $-5\sqrt{3}$ b) $2\sqrt[3]{2}+\sqrt{2}-\sqrt{3}$ c) $5\sqrt{5}-9\sqrt{7}$

65. a) $-\frac{1}{12}\sqrt{2}+\frac{11}{12}\sqrt{3}$ b) $-\frac{3}{4}\sqrt[3]{3}+\frac{1}{2}\sqrt{3}$ c) $-\frac{1}{4}\sqrt{2}$ **66.** a) $-9\sqrt[5]{2}$ b) 0

67. a) $4\sqrt{5}$ b) $\sqrt[4]{2^3}$ c) $3\sqrt{13}$ d) $12\sqrt[3]{7}$ e) $\frac{5}{12}\sqrt[4]{2}$ **68.** a) $\sqrt[6]{ab}$ b) $\sqrt[5]{6x^4}$

c) $2\sqrt[3]{3}$ d) $2a\sqrt[4]{a}$ e) $12\sqrt{10}$ **69.** a) $\sqrt[3]{x}$ b) $9ab\sqrt[3]{a^2}$ c) $2\sqrt{3}$ d) 5^4

e) $\frac{45}{2}$ **70.** a) $9+4\sqrt{5}$ b) $5+2\sqrt{6}$ c) $62-20\sqrt{6}$ d) $122-56\sqrt{3}$ e) $35-8\sqrt{6}$

71. a) 1 b) 7 c) 26 d) $31-10\sqrt{6}$ e) $95-19\sqrt{10}$ f) 7 g) $\sqrt{5}-2$

h) $-22-10\sqrt{30}$ **72.** a) $2\sqrt[3]{4}-7\sqrt[3]{6}+6\sqrt[3]{9}$ b) $4\sqrt{6}-12\sqrt{3}-4\sqrt{2}$

c) $-24+4\sqrt{6}$ **73.** a) $-10+6\sqrt{2}$ b) $35-18\sqrt{6}+4\sqrt{15}$

c) $20\sqrt{3}+5\sqrt{2}-20\sqrt{6}$ d) -16 **74.** a) $\sqrt[4]{2}$ b) $\sqrt[15]{2^2}$ c) $\sqrt[10]{6}$ d) 16 e) $\sqrt{2}$

f) 5^5 g) 20 h) $2^{10}\sqrt[6]{6^5}$ i) $\sqrt{2}$ j) $2^2\sqrt[24]{2}$ **75.** a) $\sqrt[20]{2}$ b) $a^2\sqrt[6]{a}$

c) $5\sqrt[3]{5}$ d) $\sqrt[3]{2}$ e) $2^9\sqrt{2}$ f) $40\sqrt{5}$ g) $5\sqrt[3]{5}$ h) $4x^2$

76. a) $\sqrt[6]{37}$ b) $4\sqrt[3]{2}$ c) $3^9.2^4\sqrt{2}$ d) 50 e) $2^{16}\sqrt[3]{2^2}$ f) $\sqrt[6]{7}$

77. a) $\sqrt{7}$ b) $\sqrt{2}$ c) $\sqrt[2]{2^3}$ d) $\sqrt{5}$ e) $\sqrt[3]{4}$ **78.** a) $\sqrt[12]{a^{10}}$; $\sqrt[12]{a^9}$

176

b) $\sqrt[15]{a^{10}b^5}$; $\sqrt[15]{2a^4b^3}$ c) $\sqrt[60]{x^{15}x^{10}}$; $\sqrt[60]{x^{30}y^6}$ d) $\sqrt[12]{2^6}$; $\sqrt[12]{2^4}$; $\sqrt[12]{2^3}$

e) $\sqrt[8]{3^4}$; $\sqrt[8]{a^2b}$; $\sqrt[8]{c^2}$ f) $\sqrt[12]{a^8}$; $\sqrt[12]{b^9}$; $\sqrt[12]{c^5}$; $\sqrt[12]{d^2}$

79. a) $\sqrt[6]{a^3}$; $\sqrt[6]{b^2}$ b) $\sqrt[24]{2^8}$; $\sqrt[24]{5^9}$ c) $\sqrt[70]{a^{30}}$; $\sqrt[70]{2^{63}}$; $\sqrt[70]{b^{35}}$ d) $\sqrt[30]{a^{12}b^6}$; $\sqrt[30]{2^6c^2}$; $\sqrt[30]{b^{25}}$

e) $\sqrt[60]{a^{15}b^{15}}$; $\sqrt[60]{c^8d^4}$; $\sqrt[60]{a^{18}c^6}$ f) $\sqrt[360]{2^{60}x^{60}y^{30}}$; $\sqrt[360]{x^{108}}$; $\sqrt[360]{3^{30}x^{30}y^{60}}$; $\sqrt[360]{12^{20}x^{80}y^{60}}$

g) $\sqrt[30]{2^3x^9}$; $\sqrt[30]{a^{10}x^{25}}$; $\sqrt[30]{a^6x^4}$ h) $\sqrt[12]{3x^5}$; $\sqrt[12]{b^9}$; $\sqrt[12]{c^5}$; $\sqrt[12]{a^4b^2}$ i) $\sqrt[168]{2^{24}x^{24}}$; $\sqrt[168]{3^8x^{16}}$; $\sqrt[168]{2^{28}x^{140}}$; $\sqrt[168]{2^{21}x^{63}}$

80. a) $\dfrac{\sqrt[7]{2^4}}{2}$ b) $2\sqrt[4]{5^3}$ c) $\dfrac{2\sqrt{3}}{3}$ d) $\sqrt[3]{7}$ e) $6\sqrt[4]{3}$ f) $\dfrac{\sqrt[3]{3^2}}{2}$ g) $\dfrac{-4\sqrt[3]{12}}{3}$

h) $\dfrac{2\sqrt[5]{a^4b^3}}{ab}$ **81.** a) $\dfrac{\sqrt{10}}{6}$ b) $\dfrac{\sqrt{2}}{3}$ c) $\dfrac{2\sqrt[3]{4}}{5}$ d) $\dfrac{3\sqrt[3]{2}}{2}$ e) $\dfrac{5\sqrt[4]{3^22^3}}{6}$ f) $7\sqrt[8]{27}$

g) $\dfrac{3\sqrt{5}}{5}$ h) $\dfrac{7\sqrt[8]{3^5}}{15}$ i) $\dfrac{\sqrt[5]{2^3}}{16}$ j) $\dfrac{3\sqrt[4]{2^25^3}}{5}$ **82.** a) $\dfrac{5\sqrt{2}}{4}$ b) $\dfrac{4\sqrt[11]{5^7}}{25}$ c) $\dfrac{3\sqrt[4]{2^2\cdot 7^3}}{14}$

d) $\dfrac{5\sqrt{3}}{12}$ e) $\dfrac{7\sqrt{10}}{6}$ f) $\dfrac{7\sqrt[6]{3^32^4}}{4}$ g) $\dfrac{5\sqrt[6]{3^22}}{4}$ h) $\dfrac{3\sqrt[14]{3^7\cdot 2^6}}{10}$ **83.** a) $8+4\sqrt{3}$

b) $3+\sqrt{2}$ c) $\dfrac{4+1\sqrt{7}}{3}$ d) $\dfrac{-10-15\sqrt{2}}{14}$ e) $\dfrac{24-6\sqrt{15}}{11}$ f) $\dfrac{6\sqrt{2}+3}{7}$ g) $\dfrac{15\sqrt{2}-10}{14}$

h) $\dfrac{8\sqrt{6}-4\sqrt{3}}{7}$ i) $9\sqrt{2}-6\sqrt{3}$ j) $10-5\sqrt{3}$ **84.** a) $\sqrt{3}-\sqrt{2}$ b) $2\sqrt{5}+2\sqrt{2}$ c) $\dfrac{-\sqrt{5}-\sqrt{2}}{3}$

d) $12-3\sqrt{10}$ e) $\sqrt{3}+\sqrt{2}$ f) $\dfrac{3\sqrt{5}+3\sqrt{3}}{2}$ g) $-1-\sqrt{2}$ h) $-5\sqrt{7}+5\sqrt{5}$ i) $\dfrac{-4-2\sqrt{7}}{3}$

j) $-7\sqrt{5}+7\sqrt{2}$ **85.** a) $\dfrac{\sqrt{3}-1}{2}$ b) $22+2\sqrt{33}$ c) $\dfrac{3\sqrt{2}-\sqrt{6}}{2}$ d) $\dfrac{8\sqrt{3}+4\sqrt{6}}{3}$

e) $\dfrac{10+2\sqrt{10}}{3}$ f) $-\sqrt{6}+\sqrt{5}$ g) $4\sqrt{3}+4\sqrt{2}$ h) $\dfrac{\sqrt{5}-\sqrt{3}}{2}$ i) $9\sqrt{2}-6\sqrt{3}$ j) $8\sqrt{2}+16$

86. a) $\dfrac{20-2\sqrt{10}+2\sqrt{5}-\sqrt{2}}{18}$ b) $\dfrac{2\sqrt{15}+2\sqrt{6}-2\sqrt{5}-2\sqrt{2}}{3}$ c) $\dfrac{-2+19\sqrt{6}}{47}$ d) $19+6\sqrt{10}$

e) $9-3\sqrt{10}$ f) $2\sqrt{2}+5$ g) $\dfrac{5+5\sqrt{3}+2\sqrt{2}+2\sqrt{6}}{2}$ **87.** a) $\dfrac{\sqrt{35}-\sqrt{15}}{2}$

b) $\dfrac{3\sqrt{6}-\sqrt{3}-2\sqrt{2}+12}{5}$ c) $\dfrac{9-\sqrt{6}}{5}$ d) $-2\sqrt{35}-2\sqrt{30}$ e) $\sqrt{6}+3-2\sqrt{10}-2\sqrt{15}$

88. a) $4-2\sqrt{2}$ b) $\dfrac{3\sqrt{10}}{5}$ c) $\dfrac{6-\sqrt{3}}{3}$ d) $\dfrac{3\sqrt{3}}{5}$ e) $\dfrac{5\sqrt[4]{2^3}}{3}$ f) $\dfrac{5\sqrt[5]{3^3}}{3}$ g) $\sqrt[6]{2^5}$

h) $\dfrac{5\sqrt[4]{2^23^3}}{6}$ i) $\dfrac{3\sqrt[4]{2^2\cdot 5^3}}{10}$ j) $-2\sqrt[4]{2}$ **89.** a) $\dfrac{5\sqrt[6]{2}}{2}$ b) $\dfrac{-4\sqrt{6}-8\sqrt{10}}{17}$ c) $-\sqrt[6]{3^5}$

d) $\dfrac{-5\sqrt{2}}{2}$ e) $\dfrac{2\sqrt[9]{5^32^4}}{3}$ f) $\dfrac{3\sqrt[3]{2}}{5}$ g) $\dfrac{\sqrt[6]{2^33^5}}{2}$ h) $\dfrac{\sqrt[9]{5^6\cdot 3^5}}{2}$ **90.** $\dfrac{-2-\sqrt{15}}{2}$

91. $\sqrt{4+\sqrt{15}}$ **92.** $\sqrt{7-4\sqrt{3}}$ **93.** $A=3\sqrt{2}$ **94.** $M=3\sqrt{2}$ **95.** 4   **96.** 4

97. a) $\dfrac{-3\sqrt[6]{5^32^4}}{2}$ b) $\dfrac{2\sqrt{6}}{3}$ c) $\dfrac{\sqrt[6]{3^32^4}}{2}$ d) $4\sqrt{2}+3\sqrt{3}$ **98.** a) $\dfrac{-35\sqrt{5}-50\sqrt{7}}{26}$ b) $-\dfrac{\sqrt[5]{2^4}}{6}$

177

c) $\dfrac{10+\sqrt{5}}{20}$ **99.** a) $\dfrac{5\sqrt{2}}{2}$ b) $\dfrac{3\sqrt[3]{7}}{4}$ c) $\dfrac{6\sqrt{3}+3\sqrt{2}+6\sqrt{6}+6}{5}$ **100.** $\sqrt{5}-2$ **101.** $\dfrac{3\sqrt[5]{2^2}}{4}$

102. a) V   b) F   c) V   d) V   e) F   f) V   g) F

h) F   i) F   j) V   **103.** a) $V=\left\{\dfrac{19}{5}\right\}$ b) $V=\left\{-\dfrac{14}{3}\right\}$ c) $V=\left\{\dfrac{13}{4}\right\}$

d) $V=\left\{-\dfrac{3}{8}\right\}$ e) $V=\{3\}$ f) $V=\left\{\dfrac{23}{2}\right\}$ g) $V=\{1\}$ h) $V=\left\{\dfrac{1}{12}\right\}$ i) $V=\mathbb{R}$ j) $V=\varnothing$

104. a) $V=\{2\}$ b) $V=\left\{\dfrac{36}{13}\right\}$ c) $V=\left\{\dfrac{15}{4}\right\}$ d) $V=\left\{\dfrac{1}{2}\right\}$ e) $V=\{1\}$ f) $V=\left\{-\dfrac{5}{4}\right\}$ g) $V=-6$

h) $V=\left\{-\dfrac{1}{10}\right\}$ i) $V=\left\{-\dfrac{25}{3}\right\}$ j) $V=\left\{\dfrac{49}{36}\right\}$ **105.** a) V   b) V   c) F   d) F   e) V

f) F   g) F   h) F   i) V   j) V   **106.** a) $V=\{0\,]$ b) $V=\{0\}$

c) $V=\{0,3\}$ d) $V=\{0,1\}$ e) $V=\left\{0,\dfrac{1}{2}\right\}$ f) $V=\{-5,5\}$ g) $V=\{-2,1\}$ h) $V=\{-7,7\}$

i) $V=\{-1,0\}$ j) $V=\varnothing$ k) $V=\{-2,2\}$ l) $V=\{-3,3\}$ m) $V=\left\{-\dfrac{q}{2},\dfrac{p}{3}\right\}$ n) $V=\varnothing$

o) $V=\{0\}$ p) $V=\{-10,10\}$ **107.** a) $V=\left\{-\dfrac{3}{2},\dfrac{3}{2}\right\}$ b) $V=\{0,15\}$ c) $V=\left\{0,\dfrac{5}{3}\right\}$

d) $V=\{-2,2\}$ e) $V=\left\{0,\dfrac{4}{9}\right\}$ f) $V=\{-\sqrt{3},\sqrt{3}\}$ g) $V=\{1\}$ h) $V=\varnothing$ i) $V=\varnothing$ j) $V=\{-9,0\}$

108. a) $V=\{-7,6\}$ b) $V=\left\{-\dfrac{3\sqrt{2}}{2},\dfrac{3\sqrt{2}}{2}\right\}$ c) $V=\varnothing$ d) $V=\{-\sqrt{7},\sqrt{7}\}$ e) $V=\left\{-\dfrac{5\sqrt{2}}{6},\dfrac{\sqrt{2}}{2}\right\}$

f) $V=\left\{\dfrac{2}{3},\dfrac{5}{4}\right\}$ g) $V=\{3+2\sqrt{2}\}$ h) $V=\{-\sqrt{5},0,\sqrt{5}\}$ i) $V=\{0.6\}$ j) $V=\{-\sqrt{8},0\}$

109. a) $V=\{-3,3\}$ b) $V=\left\{0,-\dfrac{11}{7}\right\}$ c) $V=\{-4,0\}$ d) $V=\{-2,2\}$ e) $V=\{0,3\}$ f) $V=\left\{0,\dfrac{11}{5}\right\}$

110. a) $V=\{-4,3\}$ b) $V=\{-3,1\}$ c) $V=\{-7,1\}$ d) $V=\{4\}$ e) $V=\{-3\}$ f) $V=\left\{-\dfrac{3}{5}\right\}$ g) $V=\{1\}$

h) $V=\{-2,7\}$ i) $V=\left\{\dfrac{1}{6},1\right\}$ j) $V=\{-7,8\}$ **111.** a) $V=\{4,6\}$ b) $V=\{-11,-3\}$ c) $V=V=\{-5,1\}$

d) $V=\{-10,3\}$ e) $V=\{1,4\}$ f) $V=\{-1\}$ g) $V=\{-2,-1,1,2\}$ h) $V=\{-a,-b\}$

112. a) $V=\{-4,-1\}$ b) $V=\{-2,1\}$ c) $V=\{-10,1\}$ d) $V=\{-4,7\}$ e) $V=\{-6,7\}$ f) $V=\{4,16\}$

g) $V=\{-12,-1\}$ h) $V=\{1,5\}$ i) $V=\{-20,-1\}$ j) $V=\{-18,-2\}$ k) $V=\{1,9\}$

l) $V=V=\{-13,2\}$ m) $V=\{-4,12\}$ n) $V=\{1,3\}$ o) $V=\{-5,8\}$ p) $V=\{-7,10\}$

q) $V=\{1,2\}$ r) $V=\{-4,1\}$ s) $V=\left\{-\dfrac{1}{2},\dfrac{1}{3}\right\}$ t) $V=\left\{-\dfrac{2}{3},-\dfrac{1}{5}\right\}$ u) $V=\left\{-\dfrac{1}{2},4\right\}$ v) $V=\left\{-\dfrac{\sqrt{6}}{2},\dfrac{\sqrt{6}}{2}\right\}$

113. a) $V=\left\{-\dfrac{1}{2},\dfrac{4}{3}\right\}$ b) $V=\left\{-\dfrac{1}{3},1\right\}$ c) $V=\left\{-\dfrac{1}{2},\dfrac{1}{3}\right\}$ d) $V=\varnothing$ e) $V=\varnothing$ f) $V=\left\{\dfrac{1}{3}\right\}$

g) $V = \left\{-\dfrac{9}{4}, 1\right\}$ h) $V = \left\{\dfrac{-1+\sqrt{21}}{10}, \dfrac{-1-\sqrt{21}}{10}\right\}$ i) $V = \varnothing$ j) $V = \left\{-2, \dfrac{4}{3}\right\}$ k) $V = \{\ \}$

114. a) $V = \left\{\dfrac{-1+\sqrt{11}}{2}, \dfrac{-1-\sqrt{11}}{2}\right\}$ b) $V = \left\{-\dfrac{2}{3}, \dfrac{4}{3}\right\}$ c) $V = \left\{\dfrac{-7+\sqrt{74}}{5}, \dfrac{-7-\sqrt{74}}{5}\right\}$ d) $V = \left\{-2, \dfrac{1}{2}\right\}$

e) $V = \left\{\dfrac{2}{5}, 4\right\}$ f) $V = \left\{\dfrac{5+\sqrt{37}}{6}, \dfrac{5-\sqrt{37}}{6}\right\}$ g) $V = \{-4, 1\}$ h) $V = \{-3, 10\}$ i) $V = \{-2, 1\}$

j) $V = \{1, 5\}$

115. a) $V = \{0, 5\}$ b) $V = \left\{-\dfrac{7}{12}, \dfrac{7}{12}\right\}$ c) $V = \{-2, 2\}$ d) $V = \{2\}$ e) $V = \{-2, 5\}$ f) $V = \{-4, 0\}$ g) $V = \{-2, 1\}$

h) $V = \left\{0, \dfrac{1}{3}\right\}$ i) $V = \varnothing$ j) $V = \{-4, 4\}$ **116.** a) $V = \{3, 4\}$ b) $V = \left\{\dfrac{2+\sqrt{22}}{6}, \dfrac{2-\sqrt{22}}{6}\right\}$

c) $V = \{-11, 1\}$ d) $V = \{-4+2\sqrt{7}, -4-2\sqrt{7}\}$ e) $V = \{4, 5\}$ f) $V = \varnothing$ g) $V = \left\{-\dfrac{1}{2}, \dfrac{1}{3}\right\}$

h) $V = \left\{\dfrac{1}{3}\right\}$ i) $V = \{-7, -6\}$ j) $V = \varnothing$ k) $V = \left\{-\dfrac{3}{2}, 6\right\}$ l) $V = \{-1, 4\}$

m) $V = \left\{\dfrac{-1+\sqrt{41}}{4}, \dfrac{-1-\sqrt{41}}{4}\right\}$ n) $V = \{-6, 6\}$ o) $V = \{-4, 4\}$ p) $V = \varnothing$ q) $V = \varnothing$ r) $V = \varnothing$

s) $V = \varnothing$ t) $V = \left\{0, \dfrac{4}{3}\right\}$ u) $V = \left\{\dfrac{-21+\sqrt{105}}{12}, \dfrac{-21-\sqrt{105}}{12}\right\}$ v) $V = \{2, 3\}$ x) $V = \{0, 3\}$

z) $V = \left\{\dfrac{5+\sqrt{3}}{2}, \dfrac{5-\sqrt{3}}{2}\right\}$ **117.** a) $V = \left\{-\dfrac{\sqrt{6}}{6}, 0\right\}$ b) $V = \{-\sqrt[4]{2}, \sqrt[4]{2}\}$ c) $V = \{2\sqrt{2}, 3\sqrt{2}\}$

d) $V = \varnothing$ e) $V = \left\{\dfrac{37}{9}, \dfrac{43}{6}\right\}$ f) $V = \{-\sqrt{2+\sqrt{2}}, \sqrt{2+\sqrt{2}}\}$ g) $V = \left\{-\dfrac{2}{5}, 1\right\}$ h) $V = \left\{-\dfrac{1}{3}, \dfrac{1}{3}\right\}$

i) $V = \{1, 2, 3\}$ **118.** a) $S = \dfrac{8}{7}$ $P = -\dfrac{2}{7}$ b) $S = 2$ $P = \dfrac{4}{3}$ c) $S = \dfrac{5}{2}$ $P = \dfrac{3}{2}$

d) $S = 2$ $P = -15$ e) $S = -1$ $P = -30$ f) $S = \dfrac{3}{2}$ $P = -10$ g) $S = \dfrac{17}{4}$ $P = \dfrac{15}{8}$ h) $S = 7$ $P = 12$ i) $S = 2m$ $P = m^2 - n^2$

j) $S = \dfrac{2}{3}$ $P = \dfrac{1}{9}$ **119.** a) $x^2 - 4x + 3 = 0$ b) $x^2 - x - 2 = 0$ c) $x^2 + \dfrac{7x}{2} + \dfrac{3}{2} = 0$

d) $x^2 - 2x = 0$ e) $x^2 - 3x = 0$ f) $x^2 - 6x + 7 = 0$ g) $x^2 - 6x + 5 = 0$ h) $x^2 - 2ax + a^2 - 2b^2 = 0$

i) $x^2 - 2ax + a^2 - b^2 = 0$ j) $x^2 - 5x - 14 = 0$ **120.** a) $m = \dfrac{1}{6}$ b) $m = \dfrac{5}{4}$

c) $m = -\dfrac{1}{2}$ d) $m = 0$ e) $m = 1$ **121.** a) $\dfrac{5}{3}$ b) $\dfrac{2}{3}$ c) $\dfrac{13}{9}$ d) $\dfrac{5}{2}$ e) $\dfrac{13}{4}$

122. a) $K > -25$ b) $K = -25$ c) $K < -25$ d) $K = 0$ e) $K = 8$ f) $K = -10$

123. $m = 1$ **124.** $y = -1$ **125.** $w = \dfrac{1}{3}$ **126.** $c > 0$ **127.** a) $q = -3$ b) $q = -\dfrac{4}{3}$

c) $q < -\dfrac{4}{3}$ d) $\nexists\, q \in \mathbb{R}$ **128.** $S = \dfrac{2}{3}$ $P = -\dfrac{65}{3}$ **129.** $m > -4$ **130.** $P = 2$

131. $K = 1$ **132.** $n = -4$ **133.** $P = -2$ **134.** $K = 0$ **135.** $h > \dfrac{1}{4}$

136. a) $V = \{-\sqrt{7}, \sqrt{7}\}$ b) $V = \{-\sqrt{5}, -\sqrt{3}, \sqrt{3}, \sqrt{5}\}$ c) $V = \{-\sqrt{7}, -\sqrt{3}, \sqrt{3}, \sqrt{7}\}$

d) $V = \{-\sqrt{7}, \sqrt{7}\}$ e) $V = \{-\sqrt{10}, \sqrt{10}\}$ f) $V = \{-\sqrt{5}, \sqrt{5}\}$ g) $V = \{-3, 0, 3\}$

h) $V = \{-1, 1\}$ i) $V = \left\{-\dfrac{\sqrt{6}}{2}, \dfrac{\sqrt{6}}{2}\right\}$ j) $V = \{0\}$ **137.** a) $V = \varnothing$

b) $V = \left\{-\dfrac{2\sqrt{3}}{3}, \dfrac{2\sqrt{3}}{3}\right\}$ c) $V = \{-\sqrt{10}, \sqrt{10}\}$ d) $V = \{-3, 3\}$ e) $V = \{0\}$

f) $V = \{-\sqrt{-2\sqrt{2}-2}, \sqrt{-2\sqrt{2}-2}\}$ g) $V = \{-3, 3\}$ h) $V = \{-1, 1\}$ i) $V = \left\{-\dfrac{\sqrt{3}}{3}, -\sqrt{2}, \sqrt{2}, \dfrac{\sqrt{3}}{3}\right\}$

j) $V = \{-\sqrt{5}, \sqrt{5}\}$ **138.** a) $V = \{-2\sqrt{3}, -1, 1, 2\sqrt{3}\}$ b) $V = \left\{-\dfrac{2}{3}, \dfrac{2}{3}\right\}$

c) $V = \{-\sqrt{5}, -\sqrt{3}, \sqrt{3}, \sqrt{5}\}$ d) $V = \{-3, -\sqrt{3}, \sqrt{3}, 3\}$ e) $V = \{-2, 2\}$ f) $V = \{-1, 1\}$

g) $V = \{-\sqrt{6}, \sqrt{6}\}$ h) $V = \{-3, 3\}$ **139.** a) $V = \{-2, 0, 2\}$ b) $V = \left\{-\dfrac{1}{2}, 0, \dfrac{1}{2}\right\}$ c) $V = \left\{-3, \dfrac{2}{3}, 3\right\}$

d) $V = \{-1, 0, 1\}$ e) $V = \{0, 1\}$ f) $V = \{-\sqrt{3}, -1, 1, \sqrt{3}\}$ **140.** a) $V = \{-5, 5\}$

b) $V = \{-\sqrt{5}, \sqrt{5}\}$ c) $V = \left\{-\dfrac{\sqrt{6}}{6}, -1, 1, \dfrac{\sqrt{6}}{6}\right\}$ d) $V = \left\{\dfrac{-2\sqrt{15}}{15}, -\dfrac{3}{5}, \dfrac{3}{5}, \dfrac{2\sqrt{15}}{15}\right\}$

e) $V = \varnothing$ f) $V = \{-1, -0{,}1\,;\,0{,}1, 1\}$ **141.** a) $V = \left\{0, -\dfrac{2}{a}, \text{com } a \neq 0\right\}$ b) $V = \{0, 3a\}$

c) $V = \{0, -3b\}$ d) $V = \{0, a, \text{com } a \neq 0\}$ e) $V = \{-\sqrt{2}, \sqrt{2}, \text{com } a \neq 0\}$ f) $V = \{a, b\}$

g) $V = \left\{0, \dfrac{a-1}{5}\right\}$ h) $V = \{-5a, 4a\}$ i) $V = \left\{-\dfrac{2b}{a}, \dfrac{b}{a}, \text{com } a \neq 0\right\}$ j) $V = \{a, 2\}$

142. a) $V = \{2b + a, 2b - a\}$ b) $V = \left\{\dfrac{a^2-1}{a}, \dfrac{a^2+1}{a}, \text{com } a \neq 0\right\}$ c) $V = \{6a, -8\}$ d) $V = \{m+n, m-n\}$

e) $V = \left\{\dfrac{ab}{a-b}, \dfrac{ab}{a+b}, \text{com } a \neq -b\right\}$ f) $V = \{ac + ab, ac - ab\}$ g) $V = \left\{1, -\dfrac{n}{m}, \text{com } m \neq 0\right\}$

h) $V = \{3ac - 2ab, 3ac + 2ab\}$ i) $V = \{c^2 - c, c^2 + c\}$ j) $V = \{a\sqrt{2}, b\}$

143. a) $V = \{-2a, -3b + 2a\}$ b) $V = \left\{\dfrac{a}{b}, \dfrac{b}{a}, \text{com } ab \neq 0\right\}$ **144.** a) $V = \{-a, -b, a, b\}$

b) $V = \left\{-\dfrac{a}{b}, \dfrac{a}{b}, \text{com } b \neq 0\right\}$ c) $V = \left\{-\dfrac{a\sqrt{3}}{b}, \dfrac{a\sqrt{3}}{b}, \text{com } b \neq 0\right\}$ d) $V = \{a^2 + b^2, (a+b)^2\}$

145. a) $V = \left\{\dfrac{6}{y}, \dfrac{2}{y}, \text{com } y \neq 0\right\}$ b) $V = \{-ab, 3ab\}$ c) $V = \{-a + a\sqrt{5}, -a - a\sqrt{5}\}$

d) $V = \left\{-1, \dfrac{m}{n}, \text{com } n \neq 0\right\}$ e) $V = \left\{\dfrac{3n}{m}, \dfrac{-n}{m}, \text{com } m \neq 0\right\}$ f) $V = \left\{-\dfrac{\sqrt{ab}}{a}, -\dfrac{\sqrt{ab}}{b}, \dfrac{\sqrt{ab}}{b}, \dfrac{\sqrt{ab}}{b}, \text{com } ab \neq 0\right\}$

Problemas

146. 50, 100 e 200 moedas **147.** 4, 5, 6 ou – 6, – 5, – 4 **148.** 12 m **149.** $\dfrac{4}{3}$ ou $-\dfrac{3}{4}$

150. 45 e 15 anos **151.** 3, 4 e 5 **152.** 2, 12 e 36 anos **153.** A = R$ 10.800, B = R$ 3.600; C = R$ 32.400, D = R$ 16.200

154. 6 anos **155.** 7 **156.** 1999 e 2001 **157.** 8 e 13 metros **158.** 8 minutos **159.** 12 peças

160. 6 e 18 **161.** 2 e 6 ou – 4 e 12 **162.** 6 e 13 m **163.** 12 e 36 anos

164. {(x, y) = (– 5, – 8) ou (5, 8) ou (8, 5) ou (– 8, – 5)} **165.** $\dfrac{3}{7}$ **166.** 76 homens **167.** 12 e 15 dm

168. 5 e 7 **169.** {(x, y) = (2, 3) ou (– 2, – 3) ou (3, 2) ou (– 3, – 2)} **170.** 5 filhos e 29 maçãs **171.** 7

172. 14,4 minutos **173.** 45 e 54 anos **174.** 11 e 13 **175.** 176 pessoas

176. – 11, – 13, 15 ou 11, 13, 15 **177.** 6 anos **178.** – 1, 0, 1 ou – 5, – 4, – 3 ou 3, 4, 5 **179.** 2 e 3

180. 25 ou – 25 **181.** – 22 ou 42 **182.** $\dfrac{5}{6}$ **183.** 8 **184.** 12 e 13 **185.** 9, 6 e 15 ou – 9, – 6 e – 15

186. 1, 2 e 3 **187.** 4 e 5 **188.** 12 **189.** 79 **190.** 103 **191.** 24

Equações Fracionárias

192. a) $DV = IR - \left\{\dfrac{1}{2}, \dfrac{2}{3}\right\}$ b) $DV = IR - \{1, 2, 3\}$ c) $DV = IR - \left\{3, \dfrac{8}{3}\right\}$ d) $DV = IR - \{-6, -3, 2, 3\}$

e) $DV = IR - \{-2, 0, 2\}$ f) $DV = IR - \left\{-\dfrac{2}{3}, 0, -2, 2, 1\right\}$ g) $DV = IR - \{-1, 1, 3\}$

193. a) $DV = IR - \{-3, -2, 3\}$ b) $DV = IR^* - \{-1, 1, 4\}$ c) $DV = IR - \left\{0, \dfrac{3}{2}\right\}$

d) $DV = IR - \{-6, -3, -1, 6\}$ e) $DV = IR - \{2, 3, 4\}$ f) $DV = IR^* - \{-3, 2\}$

g) $DV = IR - \{1, 2, 3\}$ h) $DV = IR - \left\{-\dfrac{7}{2}, -2, -1, \dfrac{5}{2}\right\}$ **194.** a) $DV = IR^* - \left\{-2, \dfrac{1}{2}\right\}$

b) $DV = IR - \{-5, -2, 1, 3\}$ c) $DV = IR - \{-3, 0, 3\}$ d) $DV = IR - \left\{-\dfrac{7}{2}, -1, 0, \dfrac{5}{2}\right\}$

e) $DV = IR^* - \{-2, 1, 2\}$ f) $DV = IR^* - \left\{-3, \dfrac{1}{2}, 1, 2, 3\right\}$ g) $DV = IR - \left\{\dfrac{1}{4}, 1, 4\right\}$

195. a) $V = \{2, 5\}$ b) $V = \{-5, -2\}$ c) $V = \{1\}$ d) $V = \left\{\dfrac{3}{2}\right\}$ e) $V = \left\{\dfrac{1}{2}\right\}$ **196.** a) $V = \left\{\dfrac{3}{7}, 4\right\}$

b) $V = \{-2, 7\}$ c) $V = \{-4, 7\}$ d) $V = \left\{1, -\dfrac{2}{3}\right\}$ e) $V = \left\{-\dfrac{14}{17}, 5\right\}$ **197.** a) $V = \left\{0, -\dfrac{11}{7}\right\}$

b) $V = \left\{\dfrac{-1 - \sqrt{13}}{2}, \dfrac{-1 + \sqrt{13}}{2}\right\}$ c) $V = \{-6, -2\}$ d) $V = \left\{-\dfrac{1}{4}, 2\right\}$ e) $V = \{-3, 1\}$ f) $V = \left\{-8, -\dfrac{9}{11}\right\}$

g) $V = \left\{0, \dfrac{59}{13}\right\}$ 198. a) $V = \{-3, 3\}$ b) $V = \varnothing$ c) $V = \varnothing$ d) $V = \varnothing$

e) $V = \{5\}$ 199. a) $V = \{-16\}$ b) $V = \{0\}$ c) $V = \{-5\}$ d) $V = \{-5\}$ e) $V = \{-2, 1\}$

200. a) $V = \{-12, 12\}$ b) $V = \{0\}$ c) $V = \{-5, 9)$ d) $V = \left\{\dfrac{1}{3}\right\}$ e) $V = \{-8, 10\}$

f) $V = \{2\}$ g) $V = \left\{-\dfrac{\sqrt{10}}{2}, 0, \dfrac{\sqrt{10}}{2}\right\}$ 201. a) $V = \left\{-\dfrac{1}{7}, 5\right\}$ b) $V = \{3\}$ c) $V = \{-5\}$ d) $V = \{-2\}$

e) $V = \left\{-1, \dfrac{1}{3}\right\}$ 202. a) $V = \{9\}$ b) $V = \left\{\dfrac{3-\sqrt{17}}{2}, \dfrac{3+\sqrt{17}}{2}\right\}$ c) $V = \{14\}$ d) $V = \varnothing$

e) $V = \{2\}$ 203. a) $V = \{-6, -3\}$ b) $V = \{-13\}$ c) $V = \left\{\dfrac{11}{8}\right\}$ d) $V = \{7\}$ e) $V = \left\{\dfrac{7}{5}\right\}$

204. a) $V = \left\{-\dfrac{4}{9}\right\}$ b) $V = \left\{\dfrac{3}{13}\right\}$ c) $V = \left\{\dfrac{3}{8}\right\}$ d) $V = \left\{-1, \dfrac{1}{2}\right\}$ e) $V = \{-8, 0\}$ 205. a) $V = \{5\}$

b) $V = \{0.1\}$ c) $V = \left\{\dfrac{9}{14}\right\}$ d) $V = \left\{-\dfrac{57}{45}\right\}$ 206. a) $V = \{-2\}$ b) $V = \{9\}$ c) $V = \{-2\}$ d) $V = \{2, 14\}$

207. a) $V = \varnothing$ b) $V = \{-2\}$ c) $V = \{-1\}$ d) $V = \left\{\dfrac{1}{2}\right\}$ 208. a) $V = \{-1, 1\}$ b) $V = \left\{-\dfrac{1}{3}, 2\right\}$

c) $V = \left\{\dfrac{3}{2}\right\}$ d) $V = \left\{\dfrac{3}{2}\right\}$ 209. $V = \left\{-2, -1, \dfrac{3}{2}, 2\right\}$ 210. $V = \{-3\}$ 211. a) $V = \left\{-\dfrac{17}{10}\right\}$

b) $V = \left\{-\dfrac{3}{7}\right\}$ 212. a) $V = \{-3, -2\}$ b) $V = \{2\}$ 213. $V = \left\{-\dfrac{1}{5}, 3\right\}$ 214. $V = \{0\}$

215. $V = \left\{-\dfrac{5}{7}, 2, 0, -3\right\}$ 216. $V = \{-2, 4\}$

Equações Fracionárias Literais

217. a) $V = \{-6a, 6a\}$ b) $V = \left\{\dfrac{9a}{5}\right\}$ c) $V = \{x \in \mathbb{R} / x = c \text{ ou } x = -c \text{ e } c \neq \pm 1 \text{ e } x \neq 0\}$

d) $V = \left\{-\dfrac{2b}{9c^2}, \dfrac{2b}{9c^2}, \text{ com } x \neq 0, c \neq 0 \text{ e } b \neq 0\right\}$ 218. a) $V = \left\{\dfrac{4a}{3}, -a, \text{ com } x \neq 0\right\}$

b) $V = \left\{10ab, -10ab, \text{ com } x \neq 0 \text{ e } b \neq \pm\dfrac{1}{2}\right\}$ c) $V = \varnothing$ d) $V = \left\{a, -\dfrac{3a}{2}, \text{ com } x \neq 0\right\}$

e) $V = \left\{\dfrac{b}{2}, \dfrac{4b}{3}, \text{ com } x \neq 0\right\}$ 219. a) $V = \{2a, -3a\}$ b) $V = \{4a - 1, \text{ com } a \neq 0\}$

c) $V = \left\{x \in \mathbb{R} / x = \dfrac{a}{2} \text{ ou } x = \dfrac{a}{a-2}, \text{ com } x \neq 1 \text{ e } a \neq 2\right\}$ d) $V = \left\{x \in \mathbb{R} / x = \dfrac{1}{a} \text{ ou } x = 2a, \text{ com com } x \neq 0 \text{ e } a \neq 0\right\}$

220. a) $V = \left\{\dfrac{1-a}{2}, \text{ com } a \neq 0\right\}$ b) $V = \left\{b, -\dfrac{2b}{3}, \text{ com } b \neq 0\right\}$ c) $V = \{0\}$

d) $V = \{x \in \mathbb{R} / x = -a \text{ ou } x = -b, \text{ com } x \neq 0 \text{ e } a \neq -b\}$

182

221. a) $V = \{x \in \mathbb{R} / x = 0 \text{ ou } x = \pm\sqrt{a+1}, \text{ com } x \neq \pm 1\}$ b) $V = \left\{\dfrac{a}{2}, \text{ com } a \neq -3b\right\}$ c) $V = \{b, \text{ com } b \neq 0\}$

222. a) $V = \{a+b, a-b\}$ b) $V = \{-2\sqrt{3bc}, 2\sqrt{3bc}\}$ c) $V = \left\{\dfrac{3bc}{2b+4c}, \text{ com } b \neq 2c\right\}$ d) $V = \left\{\dfrac{2}{m}, \text{ com } m \neq 0\right\}$

223. a) $V = \{x \in \mathbb{R} / x = mn, \text{ com } x \neq 0 \text{ e } m \neq 1\}$ b) $V = \{x \in \mathbb{R} / x = 2m^2 \text{ ou } x = -m^3, \text{ com } x \neq 0 \text{ e } m \neq 2\}$

c) $V = \left\{\dfrac{-m^2 - n^2}{2m}, \text{ com } m \neq 0\right\}$ d) $V = \{-8\}$ **224.** a) $V = \{2a+b, 2a-b, \text{ com } b \neq -2a \text{ e } x \neq 0\}$

b) $V = \left\{-\dfrac{b}{2}, \dfrac{3b}{2}\right\}$ c) $V = \{a^2b + ab^2, a^2b - ab^2, \text{ com } abx \neq 0 \text{ e } a \neq b\}$ d) $V = \{2a, -b, \text{ com } x \neq 0\}$

e) $V = \{a+b, a-b, \text{ com } a \neq b\}$ **225.** a) $V = \{m, \text{ com } m \neq 0 \text{ e com } m \neq n\}$

b) $V = \{x \in \mathbb{R} / x = 0 \text{ ou } x = 3a, \text{ com } a \neq 0 \text{ e } x \neq -b\}$

226. a) $V = \{x \in \mathbb{R} / x = 3ac + 2ab \text{ ou } x = 3ac - 2ab, \text{ com } a \neq 0\}$ b) $V = \left\{x \in \mathbb{R} / x = \dfrac{a+b}{c} \text{ ou } x = \dfrac{a-b}{c}, \text{ com } x \neq 0 \text{ e } c \neq 0\right\}$

c) $V = \{-2a, 2a\}$ d) $V = \emptyset$ **227.** a) $V = \left\{\dfrac{a}{b}, -\dfrac{3a}{b}, \text{ com } x \neq 0 \text{ e } b \neq 0\right\}$ b) $V = \{4a, \text{ com } a \neq 0\}$

c) $V = \{-7a, 5a, \text{ com } a \neq 0\}$ d) $V = \left\{\dfrac{b}{a}, \text{ com } a \neq 0\right\}$ **228.** $V = \left\{x \in \mathbb{R} / x = \dfrac{a^2 + b^2 + 1}{2a}, \text{ com } a \neq 0\right\}$

229. $V = \left\{x \in \mathbb{R} / x = \dfrac{b}{a} \text{ ou } x = \dfrac{a^2 - b^2}{ab}, \text{ com } ab \neq 0\right\}$ **230.** $V = \left\{\dfrac{a+5b}{6}, \dfrac{a+3b}{4}\right\}$

231. $V = \left\{x \in \mathbb{R} / x = \dfrac{1}{a} \text{ ou } x = -\dfrac{2}{a}, \text{ com } a \neq 0\right\}$

Teste de Vestibular

T1. E T2. B T3. C T4. E T5. E T6. E T7. B T8. E T9. B T10. B T11. D T12. E T13. C T14. E T15. C
T16. B T17. D T18. D T19. D T20. C T21. A T22. A T23. B T24. C T25. C T26. D T27. A T28. B T29. A T30. D
T31. C T32. D T33. B T34. A T35. D T36. D T37. A T38. A T39. E T40. E T41. D T42. A T43. A T44. E T45. D
T46. D T47. A T48. A T49. E T50. E T51. B T52. D T53. A T54. B T55. B T56. C T57. D T58. B T59. D T60. B

Questões de Vestibular

Q1. $\dfrac{3(x-1)}{4x}$ **Q2.** $2xy$ **Q3.** $-1 - \dfrac{\sqrt{15}}{2}$ **Q4.** 50 000   **Q5.** 2^{21} **Q6.** $\dfrac{-215}{16}$

Q7. $S = \left\{-\dfrac{11}{12}\right\}$ **Q8.** $S = \{4\}$ **Q9.** a) $S = 2625 \text{ cm}^2$ b) $x = 15 \text{ cm}$ **Q10.** a) $Q = 222$ e $R = 11$ b) 3791

Q11. a) 2310 m b) 660 m c) 1050 m   **Q12.** a) 160 g b) 295 g   **Q13.** a) 7 pessoas b) R$ 8,00

Q14. 40 bombons   **Q15.** 15 minutos   **Q16.** 252 ml   **Q17.** 4 cm ou 8 cm   **Q18.** $m = -\dfrac{25}{7}$

183

Bibliografia

ARANHA, Álvaro Zimmermann, RODRIGUES, Manoel Benedito.
    Exercícios de Matemática. vol.1. 2ª ed. São Paulo. Editora Policarpo, 1994.

ARANHA, Álvaro Zimmermann. et alli. *Matemática nos Vestibulares* 1994 - 1995 -1996. 2º ed. São Paulo: Editora Policarpo, 2001.

_____, *Matemática nos Vestibulares*.vol.2. 2º ed. São Paulo: Editora Policarpo, 2002.

_____, *Matemática nos Vestibulares*. vol.3. São Paulo: Editora Policarpo, 2003.

BALDOR, Aurelio. *Algebra*. 10ª ed. México: Publicaciones Cultural, 1993.

BEZERRA, Roberto Zaremba, DRAGO, Silvio. *A matemática no vestibular* - 1200 testes de múltipla escolha. Rio de Janeiro: Ed. Americana, 1973.

CASTRUCCI, Benedito, et alli. *Matemática 1º grau*. 8º série. São Paulo: Editora FTD S.A.

CATTONY, Carlos. *Matemática: álgebra e geometria 1º grau* - 7ª série. São Paulo: Ibrasa, 1979.

CATTONY, Carlos. *Matemática: álgebra e geometria 1º grau* - 8ª série. São Paulo: Ibrasa, 1979.

HANKIN, J.M. , *Mathematic for G CSE*. 3ª ed. London: Stanley Thornes Ltda, 1991.

IEZZI, Gelson, MURAKAMI, Carlos. Fundamentos de Matemática Elementar. 7º ed. São Paulo : Atual Editora, 1997.

IEZZI, Gelson. et alli. *Testes de vestibular matemática*. vol.1. São Paulo: Editora Atual, 1992.

IEZZI, Gelson. et alli. *Tópicos de Matemática 1*. 2ª ed. São Paulo: Atual Editora Ltda, 1981.

LIAL, Margaret L. et alli. *Beggining Algebra*. 7ª ed. New York: Harper Collins Publishers, 1996.

_____, Intermediate Algebra. 7ª ed. New York: Harper Collins Publishers, 1996.

MACHADO, Aro Augusto Simão. *Álgebra só testes*. São Paulo: Editora H.F. Ltda, 1970.

RODRIGUES, Eduardo Celestino. *1700 exercícios de Álgebra*, São Paulo, 1940.

SCHONS, N.J. *Exercices d'Algébre* .9ª ed. Namur, 1977.

Impressão e Acabamento
Bartira
Gráfica
(011) 4393-2911